任维亮◎编著

充满智慧的老师，自我实现的教育生涯

课堂教学中的教师语言与仪表美

（中学篇）

教师总是作为一个人的综合整体，作为一个“审美客体”亮相在学生面前，存在于学生心目之中。教师的仪表风度和语言直接体现在课堂教学当中，作用于学生的心灵，影响着教育效果。

白山出版社

图书在版编目（CIP）数据

课堂教学中的教师语言与仪表美．中学篇/任维亮著．—沈阳：白山出版社，2012

ISBN 978-7-5529-0285-3

Ⅰ．①课…　Ⅱ．①任…　Ⅲ．①中学教师—语言艺术②中学教师—修养　Ⅳ．①G451.6

中国版本图书馆 CIP 数据核字（2012）第 185735 号

出版发行：白山出版社
地　　址：沈阳市沈河区二纬路 23 号
邮　　编：110013
电　　话：024—28865667
电子信箱：baishan867@163.com
责任编辑：朱忠义
装帧设计：高　天
责任校对：周立星
印　　刷：北京海德伟业印务有限公司
成品尺寸：155×218
印　　张：14
字　　数：200 千字
版　　次：2012 年 8 月第 1 版
印　　次：2012 年 8 月第 1 次印刷
印　　数：1～5000
书　　号：ISBN 978-7-5529-0285-3
定　　价：28.00 元

前　言

教师在课堂教学中，除了使用他的理想、智能、品德、情操、意志去教育和影响学生外，仪表风度和语言也是一种重要的教育因素。教师总是作为一个人的综合整体，作为一个“审美客体”亮相在学生面前，存在于学生心目之中。教师的仪表风度和语言直接体现在课堂教学当中，作用于学生的心灵，影响着教育效果。

教师的仪表风度问题属于人体美的范围，人体美包括人的生理美、修饰美和风度美，它往往与人的心灵美有着密切的联系。教师作为一种崇高的职业，一个特殊的群体，他担负着为人师表的神圣职责。因此，他的职业特性决定了他的服饰必须质地考究，款式端方，搭配自然，干净整洁；他的语言必须准确、简洁、明了、富有情感。

这些对于学生来说，是一种美的创造，一种美的享受。学生会在对这一美的欣赏中产生愉悦的情感，进而产生浓厚的兴趣，从而大大增强教学效果。学生会在欣赏教师服饰和语言的审美过程中，把老师奉为楷模、偶像进行崇拜、模仿。因此，作为一名教师一定要重视自己的服饰艺术品位和语言修养，以期收到事半功倍的教学效果。

本书针对教师在课堂教学中的服饰和语言规范进行了介绍，希望能够给教师以有益的指导。由于课堂的情景性和特殊性，对于教师的要求与在一般情况下的要求有所区别，本书力求能够将这种区别体现出来。鉴于编者的经验不足，可能在书中还存在某些问题，希望广大读者能够批评指正。

本书编写组

目录

第一章 教师的外表

教师在课堂教学中肯定要注意仪表，而注意个人卫生是仪表的第一步。教师的个人卫生反映着教师的精神面貌，直接影响着他在学生心目中的形象。教师应有良好的卫生习惯，如经常洗澡、修剪指甲、理发、换衣等，上课前也应梳理头发、整理衣服。另外，教师应有一套合理的生活习惯，要妥善安排自己的工作、学习、娱乐、休息和其他活动。这样做既可以保证自己具有旺盛的精力，促进身体的健康，又可以给学生树立一个良好的榜样。

注意个人形象是每个教师应有的责任和义务，因为教师是学生的表率。良好的仪表对于教育者来说，是一种修养，一种文化，也是一种精神风貌。

第一节　教师的个人卫生

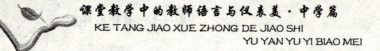

教师在课堂教学中肯定要注意仪表，而注意个人卫生是仪表的第一步。教师的个人卫生反映着教师的精神面貌，直接影响着他在学生心目中的形象。教师应有良好的卫生习惯，如经常洗澡、修剪指甲、理发、换衣等，上课前也应梳理头发、整理衣服。另外，教师应有一套合理的生活习惯，要妥善安排自己的工作、学习、娱乐、休息和其他活动。这样做既可以保证自己具有旺盛的精力，促进身体的健康，又可以给学生树立一个良好的榜样。

一、教师的清洁

教师的清洁，就是要在日常生活中注意健康，防止疾病，善待和爱护自己的仪容，使之尽可能地整整齐齐、清爽干净。注意清洁并非仅是一句空话，而是要在许多方面采取措施来保障的。具体而言：定期理发，最好半个月理发一次。时时把头发梳理得井然有序、整整齐齐，绝对不允许蓬乱不堪。另外，体味、口气、太浓的香水都足以令人反感。因此，需随身备有口香糖以便随时清除口气。不要喷过浓的香水，因为有不少人对香味过敏，如果他们闻到太刺鼻的香味就会避而远之，在课堂上又会影响学生听课的效果。

二、教师的面容

教师特殊的职业特点决定教师要养成多洗脸的良好习惯。不仅早上起床之后、晚上就寝之前要洗脸，午休之后、劳动之后、外出碰上刮风下雨之后也要洗脸。坚持以正确的方法勤洗脸，可以促使面部皮肤进行良好的血液循环和新陈代谢，使人精神焕发，充满朝气，而且能够有效地清除滞留于面部的灰尘（粉笔灰）、污垢、汗渍、泪痕，使人显得清清爽爽。

三、教师的头发

教师的头发整洁，具体也是有所指的。它要求教师不论留什么发型，都不能使自己披头散发，蓬乱不堪。最好的办法是在自己剪好头发或洗完头发后，用发胶或摩丝立即固定好发型，使其线条清晰，纹丝不乱。不论是男性，还是女性，作为教师都不准煞费心机地在自己头发上搞花样。比如，不准留大鬓角，不准剃“阴阳头”，更不准在发型上没男没女，让人“难辨性别”。留什么发型，得考虑年龄与脸型等特点。如老年男教师以“背头”发式为好，这种发型既与老年知识分子的气质相符，又可掩饰老年男教师秃鬓、谢顶的缺陷。体胖、颈短、脸宽的男中青年教师理平网式、短长式较适合，它可使头部相应地显得长些，以弥补颈短、脸宽之不足。不屈此类者，则以圆头式和中长式为佳。

女式发型要比男式复杂些。一般来讲，中年女教师以直发类的弧式和平直式较好，这既符合中年教师成熟的气质，也显得端庄、素雅。矮胖、圆脸的青年女教师则以发辫为较佳，它不仅可使体型显得修长而弥补矮胖的不足，更具有东方青年女子的传统美。瘦长、脸窄的青年女教师不妨选择卷发式，它可使面部和颈部显得丰满，且又“飞云不散”，雅致大方。

头发是一种自然的物质，经人很好地清洗、梳理，能给人以美的效果。良好的发型可使人仪表端庄，显得彬彬有礼。蓬头散发不只是对自己不尊重，也是对别人不礼貌。头发处于人体的“制高点”，其干净、整洁与否往往是他人一目了然的，而且也是他人的视线最先注意的地方。作为教师，应当像重视自己的服饰一样，对自己头发的干净与整洁给予高度的重视。所谓头发的干净，是要求人们养成周期性洗头的好习惯，通过定期勤洗头发，使之无异味、无异物。在一般情况下，至少要做到三天洗一次头发。倘若自己是油性头发，则应当两天左右洗一次。遇上某些特殊的情况，而不必拘泥于“定期”。参加一些比较正式的活动，尤其是参加自己有可能成为众人所注意的“焦点”的活动之前，最好专门洗理一次头发，使之不给自己添烦加乱。体育教师、爱出汗的教师，每天都应在上班之前特意检查一下自己的头发有没有怪味。爱掉头发的人、头屑过多的人，每次出门之前都要对自己的头发加以精心的检查与梳理，并且要把头顶上、脸上、衣服上、眼镜上，特别是肩背上从头上散落下来的落发、头屑认真地清理干净。对灰尘、树叶、草梗之类飘落在头发上的东西，也要加以防范。

四、教师的手

除了面部之外，每个人的手部都是为他人所关注的另一个部位。教师的双手堪称是自己的“第二张名片”。对自己的双手亦应倍加关照。手部需要注意之处，总的说来并不太多，干净仍然是对它的基本要求。教师要自觉地经常洗手，尤其是去过洗手间、外出归来和接触了脏东西之后，更不要忘记洗手。对自己的手还要多加保护。如果自己的双手粗糙、红肿、皲裂、蜕皮，并不等于自己操劳过度，而只能说明自己又懒又脏。在教学之中，教师的双手用得最多，所以要努力使之给别人留下好印象。要做到这一点需要：

1. 常洗手。在每个人身上，手是与外界进行直接接触最多的一个部位，教师就更是突出，所以非得勤洗不可。洗手，不应只是在饭前、便后，而且应当是在一切有必要的时候（尤其是下课后）。

2. 不要刻意留长指甲。在修剪手指甲时，总的要求是忌长，并且要求经常地对它进行修剪。但是，这并不等于要求在修剪手指甲时花样翻新，要把自己的手指甲样子修得怪怪的，有意让它与众不同。

3. 要及时地除去指甲沟附近的“暴皮”。它们实质上是手部接触脏东西之后的产物，因此让别人看到了绝无光彩可言。去除“暴皮”，要用剪子或指甲刀，不要用手去撕扯，搞得自己的指甲沟附近伤痕累累。

4. 不要把指甲涂得大红大紫。对教师而言，要求其整体形象优雅含蓄，涂抹彩色指甲油是不允许的。当然，要是为了保护指甲而使用无色的指甲油，则该当别论。

总之，对于教师的个人卫生要求，每个教师做到“四不”：不随地吐痰，不乱倒污物，不随处吸烟，上班不佩戴夸张首饰。穿着打扮大方得体、言谈举止文明高雅；办公室布置整洁美观、办公用品摆放整齐。

第二节　教师的着装

服装是我们的“第二肌肤”，它既可以遮风、挡雨、防暑、御寒，发挥多重实用性功能，又可以美化人体，扬长遮短，展示个性，反映精神风貌，体现生活情趣，发挥多种装饰性功能。

服装是一种社会符号，也是一种审美符号和情感符号。好似一封无言的介绍信，时时刻刻向自己的每一个交往对象传递着各种信息。正如莎士比亚所说：“服装往往可以表现人格。”

“一个人的着装就是其自身修养的最形象的说明。”孔夫子说过，人“不可以不饰，不饰无貌，无貌不敬，不敬无礼，无礼不立”。他所谓的“饰”，指的就是服饰。作为教师只讲“穿衣戴帽，各凭所好”是远远不够的。在某种意义上，一个教师的服装并不只是表露他（她）的情感，而且还显示着他（她）的智慧。教师的衣着习惯，往往透露出人生的哲学和价值观。教师遵守服饰礼仪是人际交往取得成功的一个前提，更是教师职业道德、职业规范的一部分。教师的服饰不仅对自己起着重要的修饰作用，对学生也起着潜移默化的榜样和示范作用。教师的服饰是无言的课本，决不可掉以轻心，随随便便。教师的职业服装，应显出端庄、严谨并富有亲和力的特征。

一、着装原则

(一)“TPO”原则

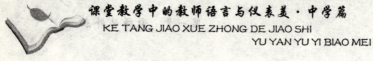

“TPO”即英语“Time”(时间)、“Place”(地点)、“Object”(目的、对象)的缩写，是指穿衣服要适应具体的时间、地点和目的。还有一种说法，TPO的“O”是指“Occasion”(场合)。但是同一场合由于身份、目的不同，也可以穿不同的衣服，因此我们认为“目的”比“场合”更重要(而且地点就是场合)。

1. 时间，泛指早晚、季节、时代等。穿衣要考虑这些因素，注重时间变化。晨练与晚宴着装是不同的，西方还有早礼服、晚礼服之分。再如冬、夏季节不同，着装也应不同，既不能“为了俏，冻得跳”，也不可在夏天“捂得汗水湿透西服”，应顺应自然。着装还要有时代特点，显示出不同时代的不同风格。

2. 地点，指地方、场所、位置等。着装要因地制宜。在校园内、校园外、做家访、去郊游、在城市、在农村都要有所区别，因为不同国家、不同民族有不同的文化背景、地理环境、历史条件、风俗人情，我们在服装上也要尊重对方的思想情感。人置身于不同的环境、不同的场合时，就应该有不同的服饰穿戴，要注意所穿戴的服饰与周围环境的和谐。公务场合对于服装款式的基本要求是：庄重、保守、传统。符合这一要求，适用于公务场合的服装款式为：制服、套装、套裙、工作服等等。社交场合对于服装款式的基本要求是：典雅、时尚、个性。符合这一要求，适用于社交场合的服装款式为：时装、礼服、民族服装，以及个人缝制的个性化服装等等。休闲场合对于服装款式的基本要求是：舒适、方便、自然。符合这一要求，适用于休闲场合的服装款式为：家居装、牛仔裤、运动装、沙滩装等等。

3. 目的，是指出席活动的意图。衣服是给人看的，功能是遮挡与炫耀。你要遮挡什么，炫耀什么，要具体情况具体分析。例如：我们不应当在别人的婚礼上去争奇斗艳，也不能穿着近似丧服的着装去赴宴。服装的款式、颜色、质地在表现服装的目的性方面发挥着一定的作用。是自尊，还是敬人；是隆重，还是怠慢；是张扬、还是谨慎，都可以从着装上得到体现。

（二）谐调性原则

古希腊人认为“和谐就是美”。服饰的美要达到和谐的视觉效果，人们就应恪守选择与穿戴的协调性原则。

1. 与社会角色相协调

在社会生活中，每个人都扮演着不同的角色。不同的社会角色必须有不同的礼会行为规范，在服饰的穿戴方面自然也有规范。例如教师在家时可以自由穿戴；然而作为“上班族”的教师在工作场所，面对她的同事与学生时，就不能无所顾忌、随心所欲了。

2. 与穿戴者的自身条件相协调

人们追求服饰美，必须充分了解自身的特点，只有这样，才能达到扬长避短的目的。比如，人的身材有高有矮、体形有胖有瘦、肤色有深有浅，穿着应考虑到这些差异，扬长避短。

体形较丰满的人应选择小花纹、直条纹的衣料，最好是冷色调，以达到显“瘦”的效果。在款式上，胖人要力求简洁，中腰略收，后背扎一中缝为好，不宜采用关门领，以“V”型领为最佳；体形较瘦的人应选择色彩鲜明、大花案以及方格、横格的衣料，给人以宽阔、健壮的视觉效果。

3. 与穿戴者的年龄相谐调

在穿着上要注意与年龄相谐调，不管青年人还是老年人，都有权利打扮自己，但是作为教师，在打扮自己时要注意，不同年龄的人有不同的穿着要求。年轻人应穿得鲜艳、活泼、随意一些，这样可以充分体现出青年人的朝气和蓬勃向上的青春之美。

而中老年人的着装则要注意庄重、雅致、整洁，体现出成熟和稳重，透出那种年轻人所缺乏的成熟美。因此，无论是青年、中年，还是老年，只要穿着与年龄相谐调，都会显出独特的美来。

（三）整体性原则

正确的着装，应当注意服饰的文化内涵，服饰的内在逻辑，风俗习惯，东西方文化与审美的差别，注意着装服饰的系统性，整体考虑，精心搭配。着装时要使各个部分不仅要“自成一体”，还要相互呼应、配合，在整体上尽可能地显得完美、和谐，恪守服装本身约定俗成的搭配。例如，穿西装时，应配皮鞋，不能穿布鞋、旅游鞋、凉鞋、拖鞋、运动鞋。

（四）整洁性原则

不管在什么情况下，你着装都应整洁，避免肮脏或邋遢。不允许又褶又皱，不熨不烫。着装应当完好。不允许又残又破，乱打补丁。不允许又脏又臭。

二、女教师的着装

女性的服装比男性更具个性特色，但是要注意自己教师的身份，自己的榜样作用，导向作用，在校园不要穿着得过分性感，过分艳丽，过分奢华。服饰价格不求很高，但是要协调，合理搭配，无论是颜色系列还是饰物、手包等要注意细节，体现高雅、大方、端庄的风度。

（一）女教师衣着的分类

女教师的服装分为职业服装与社交服装。

女教师职业服饰，它具有实用性、审美性和象征性等职业服饰的基本特征。能体现出教师的责任和义务，使教师产生庄重、自尊的心理。应当保持职业服饰的整洁、利落，表现出不卑不亢、热情大方的风度。

女教师的社交服装分为礼服和便服。

在我国，正式的社交场合，女士的礼服是旗袍。旗袍款式流畅巧妙，最能体现东方女性的朴素典雅、柔美婀娜。穿旗袍时，鞋子、饰物要配套，应当佩戴金、银、珍珠、玛瑙等精致的项链、耳坠、胸花等。宜穿与旗袍颜色相同或相近的高跟或半高跟皮鞋。

女性的职业装有三种基本类型：西服套裙、连衣裙和两件套裙。

（二）女士着西装时要注意的几个方面

1. 女西装配西装裙的职业套装更能显露女性的高雅气质和独

特魅力。西装上衣应做得长短适中，以充分展现女性腰部、臀部的曲线美，如果配裤子，则可将上装做得稍长些。无论配裙子或裤子，一般采用同一面料做套装，使得整体感强。西装的“V”字型领口要高低适中，胸围和腰身都不要有紧绷感。前襟不翘，后身不撅，前后身处在一个水平线上。

2. 女子西装款式多样，要根据自己的年龄、体型、皮肤、气质、职业等来选择；要讲究皮鞋、袜子、皮包、饰物、发型、化妆与西服的配套协调。

3. 挑选西装时，选择基本色最好，不需要流行的颜色，黑、褐、灰或者条纹、碎点的图案比较好。面料质地要好。

（三）裙装

裙装最能体现女性的体态美。在一般的社交场合，女性可以穿连衣裙或穿中式二衣配长裙。

夏季可穿长、短袖衫配长裙或者过膝裙。在宴请等正式社交场合，一般要穿长裙，至少要长过膝盖，不应穿长裤、牛仔裤和超短裙。

（四）鞋袜

鞋子和袜子在西方被称作“脚部时装”和“腿部时装”，颇为重要。在正式或非正式社交场合，女性一般穿黑色半高跟皮鞋，不要穿鞋跟太高太细的高跟鞋，以免走路时步伐不稳，影响形象。穿西装不能穿旅游鞋、布鞋及凉鞋。否则，被视为不懂礼仪，缺乏教养。

女士穿裙子应当配长筒丝袜或连裤袜，颜色以肉色、黑色最为常用，修长的腿可以穿透明丝袜，腿太细可穿浅色丝袜，腿较粗可穿深色的袜子。

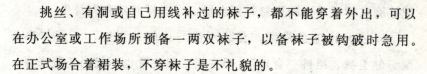

挑丝、有洞或自己用线补过的袜子，都不能穿着外出，可以在办公室或工作场所预备一两双袜子，以备袜子被钩破时急用。在正式场合着裙装，不穿袜子是不礼貌的。

在西方，西服裙装搭配袜子要穿连裤长筒袜或长筒袜，没长筒袜时，可以光脚，但不应穿短筒袜。

特别提示：袜口不能露在裙摆或裤脚外边；不能在公众场合整理自己的袜子。

（五）帽子

帽子是衣着不可缺失的部分，它可以烘托戴帽者的身份、地位以及人格修养。

女士戴帽很有讲究，参加宴会、婚礼、游园等社交活动时，帽子能增加主人的风采。帽子应根据出席活动的场合要求，根据自己的脸型和身高来选择。女子的纱手套、纱面罩、帽子、披肩、短外套等作为礼服的一部分，允许在室内穿戴。

（六）女士着装的“六不”原则

1. 衣服不允许过大或过小。在学生面前不要穿低腰裤和露肚脐，上衣最短齐腰，西服裙子最短到小腿中部；要合体典雅，体现服饰美。

2. 不允许衣扣不到位。不能不系上衣口，敞胸露怀。

3. 不允许不穿衬裙。衬裙颜色应与套装裙颜色一致协调，不许内裤为人所见。

4. 不允许内衣外现。穿吊带衫时，文胸的吊带不论是什么颜色、质地，都不要露出来，更不要出现好几条带子露出来。穿西装时衬衫不应透明，内衣不能从领口露出，不能不穿衬衫，直接把连胸式衬裙或文胸当衬衫穿在里面，这样非常有失身份。

5. 不允许随意搭配。套装不能与休闲装混穿，不能与牛仔服、健美裤、裙裤“合作”，黑皮裙、黑皮靴也不能当正装来穿。

6. 不允许乱配鞋袜。套装应穿黑高跟、半高跟皮鞋，肉色丝袜，不要穿花网袜，不能露袜口，也不能穿一长一短两层袜子。

（七）日常服装“五忌”

1. 忌露。教师工作与外出时，着装不能露出乳沟、肚脐、脊背、胸毛、腋毛、腿毛等。女士若穿露肩臂的正式夜礼服，则应去掉腋毛。

2. 忌透。衣服再薄，天气再热也不能使内衣、背心、文胸、内裤等若隐若现，甚至一目了然。也不能让内衣外穿之风刮进校园。

3. 忌紧。制服过于紧身，让内衣、内裤的轮廓原形毕露是既不文雅，也不庄重的。

4. 忌异。教师不是时装模特，不能过分新奇古怪，招摇过市。

5. 忌乱。不可穿着不讲究：卷袖子、敞扣子，颜色过乱、饰物乱配，衣服脏、破、皱，不烫不熨，油垢、牙膏遗迹“昭然若揭”。

（八）服装的配色艺术

1. 三色原则

（1）西服、衬衫、领带、皮鞋、手帕、袜子等不超过三个色系。

（2）小三色：手表带、腰带、皮鞋颜色要力争一致，至少是一个色系的。

2. 服饰的色彩哲学

服饰色彩及其搭配涉及到色彩学和美学，同时还渗透着人的价值观念、爱好、性格特征、礼仪素养。人们常说，着装的成功在于搭配，着装的失败也在于搭配。色彩因其物理特质，常对人的生理感觉形成刺激，诱发人们的心理定势和联想等心理活动。色彩还具有某种社会象征性，许多色彩象征着某种性格、情感、追求。例如：黑色，象征神秘、悲哀、静寂、死亡，或者刚强、坚定、冷峻。

白色，象征纯洁、明亮、朴素、神圣、高雅、恬淡、空虚、无望等。

黄色，象征炽热、光明、庄严、明丽、希望、高贵、权威等。

红色，象征活力、热烈、激情、奔放、喜庆、福禄、爱情、革命等。

粉红，象征柔和、温馨、温情等。

紫色，象征高贵、华贵、庄重、优越等。

橙色，象征快乐、热情、活动等。

褐色，象征谦和、平静、沉稳、亲切等。

绿色，象征生命、新鲜、青春、新生、自然、朝气等。

浅蓝，象征纯洁、清爽、文静、梦幻等。

深蓝，象征自信、沉静、平稳、深邃等。

灰色是中间色，可象征中立、和气、文雅等。

服饰配色包括同类配色和衬托配色。同类配色指相同的颜色进行组合搭配，一般是下浅上深、内浅外深，或者相反。

我们应该遵守审美规则，这样在选择、搭配、使用之中，才不至于弄出洋相，被人笑话。

三、男教师的着装

男教师的着装分为社交服装与职业服装。职业服装即工作服装，应适合职业的性质、工作环境，要实用又便于活动，能给人整齐划一，美观整洁之感，能振奋人心，增强职业自豪感。男教师的社交服装分为正装和便装。

正装主要是西装和中山装，便装则是多种多样。

（一）西装的穿着

在交际场所穿着西装的人越来越多，它的穿着十分讲究。

1. 西装穿着的基本要求

西装的袖长以达到手腕为宜，衬衫的袖长应比上衣袖口长出1.5cm左右，衬衫的领口亦应高出上衣领口1.5cm左右，这样有一种匀称感。

在隆重场合穿西装要系扣，一个扣的要扣上；两个扣的只需扣上面的一个，平时可以都不扣；三个扣的，扣中间一个；双排扣西服，通常情况下，纽扣全部扣上。

西装衣袋的整理十分重要，上衣两侧的两上衣袋不可装物，只作为装饰用，上衣胸部的衣袋可以装折叠好花式的手帕，有些小的物品可装在西装上衣内侧的衣袋里。裤袋亦和衣袋一样，一般不可装物，裤子后兜可装手帕、零用钱。手帕应平整，叠得方方正正，一般使用白色或不太鲜艳的手帕，并准备两块。

西裤长度以裤脚接触脚背为妥。穿西裤时，裤扣要扣好，拉锁全部拉严。西装坎肩要做得贴身，与西装配套的大衣不宜过长，一般以在腿窝下延3cm为宜。

西装翻领的"V"字区最显眼，领带处在这个部位的中心，被称为西装的灵魂。应穿着深色没有花纹的皮鞋，正式场合应穿系带的黑皮鞋，并经常上油打光。应穿着深色袜子，以显庄重。服饰的根本要求是整洁，要体现出着装人的精神面貌，应该使自己的服饰做到：有洁白的衬衫，典雅大方的领带，裤线笔直的西裤，打油上光的皮鞋。

2. 男子穿西装要注意的几个方面

西装配套是有讲究的。正式场所要着深色套装，以示庄重、自尊；非正式场所要力求和谐，以展示风度，讲究领带的选择与佩戴，以显示人的个性与人格。注重衬衫的选配，正式场合衬衫颜色力求素净文雅，整洁无折皱的衬衫可显示人的内在美；西装款式的选择要与人的脸型、体型、年龄和性格相适应，以显示个人的身份。西装整体的协调更重要，要使身份、场所、年龄、季节、性格相互协调；要使西装、衬衫、领带、皮鞋、袜子和穿着方式相互协调。穿西装时内部通常不提倡穿毛衣，更不能穿多件毛衣。如果要穿毛衣，只可穿一件，若穿在衬衫外时，领带应放在毛衣内部，不穿开身衫及带图案的毛衣，应穿素色毛衣。羊绒衫可穿在衬衫内，但衬衫内不应露出任何衣服的领子。新西服袖口的商标一定要去掉。

3. 领带

领带是与西装配套的饰物，在正式场所系上领带，既礼貌又庄重，且领带是西装"V"字型开领处的灵魂。在佩戴领带时要注意以下几方面：

（1）穿西装时，打领带时衬衫应系好领扣，不打领带时，领扣应打开；要采取合适的领带结法，以配合衬衫领型，产生舒适、协调的效果。

（2）领带的选择。要注意西装、衬衣的条纹与领带质地、颜色的协调搭配。

领带的质料大多为丝绸，常用图案有水珠、月牙形、方格形等。正式场合必须系领带，领带颜色要讲究。宴会等喜庆场合领带可鲜艳明快；参加吊唁活动要系黑色或素色领带；参加商业界活动宜佩戴醒目且花纹突出的领带；职业领带往往是素色或深色，多无花纹。

（3）系领带要注意衬衫领围大小，西服内衣有西服坎肩、鸡心领毛背心的，领带要放在这些衣服内，且领带下角不可从这些衣服下端露出。

领带要按规定系好，下端应与腰带齐。

（4）领带夹要把领带与衬衫一齐夹紧，且领带夹夹的位置要适中，一般在衬衣第三、第四粒纽扣之间。

（二）中山装的穿着

中山装要求穿上下同色同质料子的服装，配黑色皮鞋。中山装既可以在出席正式场合时穿，也可以平时穿。穿着时要扣好领扣、领钩、裤扣，穿长袖衬衫要把前后摆放人裤内，袖口不可卷起，衣袋内同样不要放很多东西。

（三）便装

便装指平常穿的服装，使用范围广泛，根据不同的用途和环境，便装又分很多种。便装比正装随便得多，例如，上街购物、看影剧、会见朋友等都可以穿着。它很大程度上受流行趋势影响，是时装的重要组成部分。每个人可根据自己的爱好及自身的

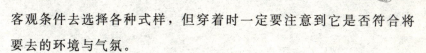

客观条件去选择各种式样，但穿着时一定要注意到它是否符合将要去的环境与气氛。

旅游服、运动服重要的是舒适、实用、便于行动。

家庭装应随便、舒适、轻松活泼。早晚穿着的有晨衣、睡衣等，但不能穿这类服装会客。

注意：男士不可穿短裤参加正式活动，且长裤的裤脚不可卷起。在室内，一般不可戴墨镜与他人交谈；若有眼疾需要戴墨镜时，应向对方表示歉意。从室外到室内参加活动，应摘下帽子，脱去大衣、风衣、雨衣和套鞋，并存放在衣帽间。男子在室内不可戴帽子和手套。

第三节　教师的饰品佩戴与化妆

一、饰品的佩带

教师可以在校园等工作场合佩戴饰物，如帽子、手套、围巾、手提包、胸花、戒指、头饰等，也可以在交际场合佩戴墨镜、耳环、项链、手镯等。饰物的佩戴必须符合一定的礼仪规范和佩戴原则，以达到丰富魅力、展示高雅、合理渲染的效果。

佩戴饰物时，要求与个性和着装协调。这样饰物与着装巧妙搭配，形成和谐的整体，以衬托仪表，体现个性，展示出教师的内在气质和高雅品味。佩戴饰物也要求饰物的质地适宜，这样才可以产生整体和谐的美。

（一）佩戴饰物的原则

佩戴饰物最应遵守礼仪规范，它可以向对方传递某种信息。使用首饰时，通常应当无一例外地恪守如下八条原则：

1. 数量原则。戴首饰时，数量上的原则是以少为佳，点到为止。教师在交际时，特别是在正式场合，全身饰物最好不超过三件，真正使其起到“点缀”的作用。

2. 色彩原则。戴首饰时色彩上的原则是力求同色。

3. 质地原则。戴首饰时质地上的原则是争取同质。

4. 身份原则。戴首饰时要令其符合身份，显优藏拙。

5. 体形原则。戴首饰时要使首饰与自己的体形相配，突出个性，不盲目模仿，扬长避短。

6. 季节原则。戴首饰时所戴首饰应与季节相吻合。

7. 搭配原则。戴首饰时，搭配上要尽力使服饰协调。

8. 习俗原则。戴首饰时要懂得寓意，避免尴尬。遵守民间地域文化习俗。

（二）饰物佩戴方法

1. 戒指的戴法最为讲究，戴在不同手指上，将给对方不同的信息。例如：按照惯例戒指戴在食指表示目前独身且觅偶，戴在中指表示正在热恋中，戴在无名指上表示已婚，戴在小指上表示持独身态度。戒指不要乱戴，也不要别有用心地暗示对方。如果已婚女士不愿暴露婚姻状况时，可以不戴戒指；一些女士明明已婚，却将戒指戴在食指上（表示未婚），这是不对的。戒指一般戴在左手上，如戴在两只手上要左右手对称。不是新娘不要把戒指戴在手套外面。

2. 教师不提倡戴手镯，戴手镯在讲课或板书时会分散学生的注意力。如着便装休闲时戴手镯，形状不宜过于招摇，档次不宜过低。着西装时不戴木、石、皮、骨、绳、塑料等艺术性手镯。手镯可戴一只，通常戴右手上；也可戴两只，但一只手上只准戴一样饰物，手镯、手链、手表任选一样。手链通常只宜戴一条。不要戴在袖口之上，或有意露出。

手镯和手链的戴法也有不同暗示，戴在右臂，表示“我是自由的”；戴在左右两臂或仅是左腕，说明已婚。尽管很多人并没有意识到上述戴法的特殊意义，如若无意中戴错了，那么，有可能会在交往中出现误会。

3. 穿西装套裙时，不要戴两只或两只以上的耳环，也不要只在一只耳朵上戴耳环。

4. 戴项链时应避免因文化差异产生的误解。外事活动时，不戴有猪、蛇生肖的挂件，有耶稣殉难像的十字架，有“卐”字形的挂件。女士的项链、挂饰可视情况露出或隐藏起来。

5. 帽子是现代女性主要的饰物，要根据自己的职业、体型、肤色和着装协调一致，以起到帮助自己扬长避短的效果。

6. 墨镜要考虑整体效果。参加室内活动与人交谈，不要戴墨镜；若有眼疾需要戴时，要向对方表达歉意；在室外，参加隆重的礼仪活动，也不应戴墨镜。

7. 胸花是女性胸、肩、腰、头等部位佩戴的各种花饰，一般佩戴在左胸部位，也可依据服装设计要求和整体效果将其佩戴在肩部、腰部、前胸或发髻等处。佩戴的胸花要高雅。戴胸花、胸针的具体高度，应在从上往下数的第一、第二粒纽扣之间。

8. 手提包是女性日常出席正式场合活动的重要饰物，要求小巧、新颖、别致、协调，给人以赏心悦目的感觉，手提包的颜色要与季节、服装、场合、气氛相协调。在严肃的社交场合，可使用颜色较暗、形状较方正的提包；参加舞会或宴会，可使用颜色鲜艳的羊皮小包或缎面小包。夏季提包应该小巧淡雅，冬季提包可以艳丽明快，以展示教育工作者的独特魅力。

9. 穿短袖或无袖上衣参加舞会，不要戴短手套。

10. 手表，又叫腕表，即佩戴在手腕上的用以计时的工具。在社交场合，佩戴手表，通常意味着时间观念强、作风严谨。

（三）男士饰物的特殊要求

男性比女性拥有的饰物显得少而精，但它们的实用性更强，因而佩戴更要符合礼仪规范。

1. 皮带。皮带质地有皮革的（包括羊皮、牛皮、鹿皮），有塑料的，金属的及人造革的。皮带色彩与裤子色彩搭配时，可采用同一色、类似色和对比色。一般来说，黑色皮带可以配任何服装。选择一条质量上乘、款式大方、新颖别致的皮带，可以增加男人的风度和气质。

2. 皮夹与名片夹。皮夹是男士重要的随身物品，它有皮的和人造革两种。有身份的男士最好购买皮的，颜色可选含有华贵之感的暗咖啡色和黑色。皮夹中不宜塞满东西。

名片夹用于装自己的名片和他人给予的名片，皮制的最好，金属的次之。

3. 手表与笔。手表、金笔和打火机在西方被称作男士三大配饰，被认为是身份的象征。

男士在公务活动或社交活动中应该携带一支钢笔和一支铅笔。在较为正式的场合最好带一枝金笔，笔可以放在公文包内或西装上衣内侧的口袋内，不要插在西装上衣左胸外侧的装饰性口袋中。

4. 公文包。公文包质地以深褐色或棕色皮革制为最佳，不要选用发光发亮、印满广告或图案的皮包。皮包中，应准备好钢笔、记事本或散页的记事本、电话本、计算器，等等。

5. 眼镜。选择眼镜时，要充分考虑自己的身材、脸形和肤色。

6. 男士的装饰最普遍使用的是配西装的领带夹、衬衫袖扣和西服领上的徽章。恰到好处的装饰，会使庄重的西装生动起来。

二、教师的化妆

化妆，是一种通过对美容用品的使用，来修饰自己的仪容、美化自我形象的行为。简单地说，化妆就是有意识、有步骤地来为自己美容。

对一般人来讲，化妆最实际的目的，是为了对自己容貌上的某些缺陷加以弥补，以期扬长避短，使自己更加美丽，更为光彩照人。经过化妆之后，人们大都可以拥有良好的自我感觉，身心愉快、精神振奋，能缓解来自外界的种种压力，而且可以在人际交往中，表现得更为开放，更为自尊自信，更为潇洒自如。

教师的职业决定教师的形象也是一种巨大的教育资源和教育力量。因此，无论是教师的外在形象还是教师的个性张扬，都应该服从这个前提。在人们的传统观念中，教师教书育人，容貌上朴素一些，是情理之中的事，而且还会显得平易近人。今天，素面朝天的老师已不再是学生们崇拜的对象。

教师无论是在着装上还是在仪表上都应该自然，落落大方。教师的化妆，一要美观，否则化妆的效果就适得其反；二要自然大方，否则学生的注意力就不会放在学习上，而是去研究教师今天的装扮了。一个教师的人格魅力主要还是从举手投足之间散发出来的，美是一种气质，一种修养。以下，就来简单介绍一下教师所必须了解并应认真遵守的有关化妆的基本礼仪规范。

（一）化妆要视时间、场合而定

在工作时间、工作场合只能允许工作妆（淡妆）。浓妆只有晚上才可以用。外出旅游或参加运动时，不要化浓妆，否则在自然光下会显得很不自然。

每天早上化了妆再上班，其实也是工作的礼节之一。也许有人认为化妆是一种人工美，不够自然，其实化妆原本的目的就是强调脸部的优点，掩饰其缺点。就如有客人来到家中拜访时，你会把家里打扫干净；同样，到学校上班，必须以亲切的脸庞来面对学生，又怎能不稍加修饰呢？

另外，化彩妆的女教师在某些情况下，常会出现妆容残缺的现象。以残妆示人，既有损自己的形象，也显得对人不礼貌。因此及时察觉，适时补妆不可忽视。为了避免妆容残缺，化妆后要经常进行检查，尤其在上课之前，出汗、用餐、休息之后，应及时地自查妆容。如发现妆面残缺，要即刻补妆，以免给人留下不良印象。但补妆时，宜选择无人在场的角落或洗手间进行，切勿旁若无人地当众操作。由于补妆只是局部性修补，应该以补为主，只需在妆容残缺的地方稍作弥补即可，不必抹去旧妆重新化妆。如果晚间还要应酬，那么临去前应洗去残妆，重新化一个清新的晚妆。晚妆可以浓一些，但忌过于浓艳。当然也要注意适时补妆。

（二）化妆的原则

教师在工作岗位上应当化淡妆，实际上就是限定在工作岗位上不仅要化妆，而且只宜选择淡妆这一化妆的具体形式。因此，有人将这一规定简洁地叫作“淡妆上岗”。淡妆的主要特征是简约、清丽、素雅，具有鲜明的立体感。它既要给人以深刻的印象，又不容许显得脂粉气十足。总的来说，就是要清淡而又传神，其原则为：自然、清新、优雅、整体协调。

（三）化妆的技巧

谈起化妆，它实在不是简简单单的举手之劳，而是一种艺术性、技巧性很强的系统工程。若是不理解这一点，自以为化妆不过是一学就会，只是随便化化而已，将是徒劳无益的。在日常生活中，教师的化妆不仅有其基本的程序，而且亦有妆饰的重点与技巧。

1. 教师化妆的步骤

教师化妆的重点，一般包括护肤、美发、修眉、画眼、修饰唇形、呵护手部，等等。从技巧上讲，进行一次完整而全面的化妆，其程序与步骤也有一定之规。下面是女教师化妆基本步骤：

（1）洁面。用洗面奶去除油污、汗水与灰尘，使面部彻底清洁。随后，在脸上拍打化妆水，为面部化妆做好准备。

（2）涂敷粉底。先用少量的护肤霜，以保护皮肤免受其他化妆品的刺激。此外，它还使涂敷粉底更容易。接下来，在面部的不同区域使用深浅不同的粉底，使妆面产生立体感。完成之后，即可使用少许定妆粉，来固定粉底。

（3）描画眼眉。首先，修眉、拔眉、描眉。其次，沿着眉毛的根部，画好眼线。再次，运用睫毛膏、睫毛器，对眼睫毛进行“加工”、造型。最后，通过涂眼影来为眼部着色，加强眼睛的立体感。

（4）美化鼻部。即涂鼻侧影，以改变鼻形的缺陷。

（5）打腮红。使用胭脂扑打腮红是为了修饰美化面颊，使人看上去容光焕发。涂好腮红之后，应再次用定妆粉定妆。

（6）修饰唇形。先用唇笔描出口形，然后填入色彩适宜的唇膏，使红唇生色。

（7）修正补妆。检查化妆的效果，进行必要的调整、补充、修饰和矫正。至此，一次全套化妆彻底完成。

2. 教师的化妆技巧

（1）女教师的化妆技巧

①年轻女教师的化妆。年轻女教师妆容的特点是自然，予人以青春朝气和不加修饰之感。在化妆时宜突出两颊和嘴唇处，不宜描眉、涂眼影和涂较夸张的粉底。在技巧上，应清淡自然、似有若无，切忌浓妆艳抹，失去自然美。清新、自然是年轻女教师化妆的目标。

②中年女教师的化妆。中年正是保青春、延缓衰老的关键时期。这一时期的女教师除要注意皮肤的保养外，还应借助化妆留住青春。中年女教师化妆的原则是：淡雅。具体操作时，则应视五官不同情况强调优点、掩饰缺点。选择稍带粉红色调的粉底，以增添面部的青春气息；香粉则应是淡紫色调的，可令皮肤色泽更柔和白皙。涂搽胭脂时，宜面对镜子做微笑状，找出脸颊鼓起的最高处施以胭脂，胭脂的色调宜与自然肤色相近，以求淡雅效果。

③中老年女教师的化妆。由于中年女性面部普遍布有皱纹，因而化妆重在掩饰。可选用稍暗色调的粉底，在有皱纹地方轻轻涂抹，应沿着皱纹纹路的起向轻涂，垂直涂抹粉底会使之存留于皱纹之中，使皱纹更为明显。为进一步掩饰皱纹，必须降低皮肤的亮度，所以应用质好细腻的香粉扑面。中年女教师的化妆宜突出自然、优雅之感。

化妆是生活中的一门艺术，适度而得体的化妆，可以体现女教师端庄、美丽、温柔、大方的独特气质，以达到振奋精神和尊重学生的目的。

（2）男教师的化妆技巧

男教师在化妆时重点修饰部位：耳朵、眼部、牙齿、鼻子、胡须。

①耳朵的修饰。耳孔里，不仅有分泌物，还有灰尘。要经常进行耳部的清洁。不过一定要注意，这个举动绝对不应该在课堂上进行。如果有耳毛的话，还要及时进行修剪。

②眼部的修饰。眼部是被别人注意最多的地方。所以时刻要注意眼部的清洁，避免眼屎遗留在眼角，并让眼睛能够得到足够的休息。有些男教师喜欢戴墨镜。墨镜主要适合在外活动时佩戴，来防止紫外线损伤眼睛。体育教师在室外上课时忌戴墨镜。在社交场合、室内最好不要佩戴墨镜。

③牙齿的保洁。保持牙齿清洁，首先要坚持每天早晚刷牙。不要敷衍自己，应该顺着牙缝的方向上下刷，牙齿的各部位都应刷到。如果牙齿上有很明显的不易去除的牙垢，或是牙齿发黄，可以去医院或专业洗牙机构洗牙，使牙齿看起来更加洁白、健康。不吸烟、不喝浓茶是防止牙齿变黄的有效方法。

④鼻部的修饰。早晚洁面时注意清洁鼻子。特别是经过较长时间在室外上课的体育教师，更要注意清洁鼻子内外，起码不要让人看到“乌溜溜”的鼻孔。有鼻液要及时用手帕或纸巾擦干净。忌当众用手去擤鼻涕、挖鼻孔、乱弹或乱抹鼻垢，更不要用力“哧溜、哧溜”地往回吸，那样既不卫生又让人恶心，一定要在没有人的地方清理，用手帕或纸巾辅助进行，还应避免搞得响声太大，用完的纸巾要自觉地放到垃圾箱里。平时还要注意经常修剪鼻毛，不要让它在外面“显露”，也不要当众揪拔自己的鼻毛。

⑤胡须的处理。如果没有特殊的职业需要、宗教信仰或民族习惯，应该把每天刮胡须作为自己的一个生活习惯，不可以胡子拉碴地出现在学生面前。

注意个人形象是每个教师应有的责任和义务，因为教师是学生的表率。良好的仪表对于教育者来说，是一种修养，一种文化，也是一种精神文明。

第二章　教师的行为

教师的眼睛是最重要的教学“工具”之一，教师与学生交往，双眼以祥和的目光注视着对方，这是一个相当重要的礼仪，这样会让学生觉得您为人正直。如果眼神飘浮不定，学生会觉得您缺乏可信度。师生之间欲建立良好的默契，在交谈过程中，应用60%的时间注视着学生，注视的部位是两眼和嘴之间的三角区域，这种信息的传接，会被正确而有效地理解。教师在交往中，特别是和学生的交往中，若想获取成功，就要以期待的目光，注视着学生讲话，面带浅淡的微笑和不时的目光接触，这种温和而有效的方式，会营造出一种温馨的氛围。

第一节 教师的站姿

教师在讲台上的站姿优美与否，其感召力是不一样的，教师的站姿应给人以挺拔笔直、舒展大方、精力充沛、积极向上的印象。站姿在一定程度上反映了一个教师的精神面貌和对课堂的投入程度。因而教师的站姿在稳重之中还要显出活力，不要过于拘谨和呆板。教师站在讲台上要精神振作，潇洒大方。要随时根据授课内容和课堂情景的变化调整站姿，适当走动，要善于运用恰到好处的动作和站姿来配合自己的语言表达。

一、教师在讲课时站的位置

讲课时，教师站在教室的前中央为最佳位置，即讲桌与黑板之间，这样做可以提高课堂教学效率。教师站在讲桌与黑板之间，除两边的学生外，大多数学生是直视的，这对保护视力有益处。若站在一角，则大部分学生的视线是斜的。踱步讲课，学生目光随之移动，久而久之对学生的视力也会有影响。此外，教师讲课总是辅之以板书，还要随时参阅教案，站在讲桌与黑板之间，口述笔写，随手可到，浏览教案，低头可及，既节约时间又方便应手。若站在一角或踱来踱去讲课，板书时需向黑板靠拢，参阅教案时又要向讲桌靠拢，这既浪费时间又不方便。

二、教师正确的站姿

站姿是教师在课堂中最重要的举止之一。在课堂上，教师不同的站立姿势，对学生的心理有不同的影响。

1. 站姿的要求

端正、稳重、亲切、自然。

2. 正确的站姿

（1）正向抬头，双目平视前方，嘴唇微闭，面带微笑，自然平和。

（2）两肩平行、放松，稍往下压，使人体有向上的感觉。

（3）躯干挺直，身体重心应在两腿的中央，做到挺胸、收腹、立腰。

（4）双臂自然下垂于身体两侧，或放在身体前。

（5）双腿直立，两足分开 20 公分左右的距离或两脚靠拢，脚尖呈“V”字型。女教师两脚可并拢。男教师双腿张开与肩宽，保持身体的端正。

三、学生回答问题时教师的站姿

1. 学生回答问题，教师身体微微前倾，这种姿势表明对学生说的话感兴趣，也表明教师的注意力都集中在学生身上，没有走神，增加了亲切感。

2. 学生问答问题时，教师错误的站姿

（1）自己板书，背对学生，给学生一种不礼貌的感觉，学生也不能从教师的表情中判断自己的回答是否正确，是否需要继续回答。

（2）双手放在裤袋里或两手反在背后，一副师道尊严、居高临下的姿态，没有一点亲切感。

四、教师站姿的注意事项

1. 学生自习时，老师可以用手撑住桌沿，把重心移到某只脚上，但不能长时间手撑桌面，免得学生认为您疲惫不堪，影响听课情绪。

2. 擦黑板时，教师的站立要稳，不能全身猛烈抖动，左右摇晃，此举会破坏教师的课堂形象。

3. 教师讲课的站位不能呆板地固定在一点上，应适当地移动位置，或到学生座位行间进行巡视。

4. 忌侧身而站。心理学研究表明，侧身而站和面向黑板而站说明教师的心理是封闭的，不利于阐述教学内容，而且给学生留下缺乏修养的印象。

5. 忌站时重心移动太快。站时重心忽左忽右，彰显信心不足、情绪紧张、焦虑。面对学生站稳，表明教师准备充足，有信心上好这堂课，有能力控制整个教学局面。

6. 忌远离讲桌，站在讲台的前左角或前右角；“打游击”左右来回移动；或者在学生座位行间踱来踱去，不符合礼仪规范和卫生要求。

7. 忌教师把双手交叉抱在胸前或背在身后，这些动作会给学生一种傲慢的感觉。

8. 如果站立过久，可以将左脚或右脚交替后撤一步，但上身仍须挺直，脚不可伸得太远，双腿不可叉开过大，变换也不能过于频繁。

9. 站立时，忌全身不够端正、双脚叉开过大、双脚随意乱动、无精打采、自由散漫的姿势。

第二节　教师的坐姿

教师的坐姿，是一种静态造型。端庄优美的坐姿，会给学生以优雅、稳重、自然、大方的美感，从而提升教学效果。

一、教师落座的方法

女教师在落座前应回视座椅，右腿退后半步（视面部朝向而定），待右小腿后部触到椅子后，方可轻轻坐下（如着裙装，需同时整理好）。坐定后，膝盖并拢，腿可以放在身体正中或一侧。如果想跷腿，两腿需并紧。女教师若着短裙一定要小心盖住膝盖（在讲台上需落座的女教师，不适合穿短裙）。男教师落座时，膝部可以分开一点，但不要超过肩宽，也不能两腿叉开，半躺在椅子里。

二、教师坐姿的方式

1.“正襟危坐”式。适用于课堂上或正规集会。要求是：上身和大腿、大腿和小腿，都应当形成直角，小腿垂直于地面。双膝、双脚包括两脚的跟部，都要完全并拢。

2. 双腿斜放式。它适合于穿裙子的女教师在较低的位置就座时所用。要求：双腿首先并拢，然后双脚向左或向右侧斜放，力求使斜放后的腿部与地地面呈 45°。

3. 前伸后曲式。这是女教师适用的一种坐姿。要求：大腿并紧后，向前伸出一条小腿，并将另一条腿屈后，两脚脚掌着地，双脚前后要保持在一条直线上。

4. 双腿叠放式。适合穿短裙的女教师采用。要求：将双腿一上一下交叠在一起，交叠后的两腿间没有任何缝隙，犹如一条直线。双脚斜放在或右一侧。斜放后的腿部与地面是 45°，叠放的上脚尖垂向地面。

5. 双脚内收式。它适合与学生交谈时采用，男女教师都适合。要求：两条大腿首先并拢，双膝可以略为打开，两条小腿可以在稍许分开后向内侧屈回，双脚脚掌着地。

6. 垂腿开膝式。它多为男教师所用，比较正规。要求：上身和大腿、大腿和小腿都成直角，小腿垂直于地面。双膝允许分开，分的幅度不要超过肩宽。

三、教师坐姿要求

1. 头要端正

不出现仰头、低头、歪头、扭头等情况。整个头部看上去，应当如同一条直线一样，和地面相垂直。在办公时可以低头俯看桌上的文件等物品，但在回答学生问题时，必须抬起头。在和学生交谈的时候，可以正向对方，或者面部侧向对方，不可以把头后部对着对方。

2. 上身直立

坐好后，身体也要端正。需要注意的地方有：

（1）倚靠椅背。倚靠座椅主要用以休息。在教室就座时，不应把上身完全倚靠在座椅的背部，最好不要倚靠。

（2）占用椅面。在课堂上，不要坐满椅面，最合乎礼节的是占椅面的 3/4 左右。

（3）身体的朝向。交谈的时候，为表示重视，不仅应面向学生，而且同时将整个上身朝向对方。

3. 手臂的摆放

（1）手臂放在双腿上。双手各自扶在一条大腿上，也可以双手叠放后放在两条大腿上，或者双手相握后放在双腿上。

（2）手臂放在身前桌子上。把双手平扶在桌子边沿，或是双手相握置于桌上，也可以把双手叠放在桌上。

（3）手臂放在椅子扶手上。当正身而坐时，要把双手分扶在两侧扶手上；当侧身而坐时，要把双手叠放或相握后，放在侧身一侧的扶手上。

四、教师坐姿禁忌

1. 双腿叉开过大。双腿如果叉开过大，不论大腿叉开还是小腿叉开，都非常不雅观。特别是身穿裙装的女教师更不要忽视这一点。

2. 架腿方式欠妥。坐后将双腿相架的正确方式：两条大腿相架、并拢。忌把一条小腿架在另一条大腿上，两腿之间留出大大的空隙，显得过于无礼。

3. 双腿直伸出去。那样既不雅观又妨碍别人。身前如果有桌子，双腿尽量不要伸到外面来。

4. 将腿放在桌椅上。为图舒服，把腿架在高处，甚至抬到身前的桌子或椅子上，这样的行为过于粗鲁。不允许把腿盘在座椅上。

5. 抖腿。坐时，不停地抖动或摇晃腿部，不仅让人心烦意乱，也给人以不安稳的印象。

6. 脚尖指向学生。不管采用哪一种坐姿，都不要以脚尖指向学生，这种做法缺乏礼数。

7. 脚蹬踏它物。坐下后，脚部要放在地上。忌用脚乱蹬乱踩。

8. 用脚自脱鞋袜。在学生面前就座时，用脚自脱鞋袜，显然是不文明之举。

9. 手触摸脚部。就座以后用手抚摸小腿或脚部，既不卫生又不雅观。

10. 手乱放。就座后，双手应放在身前，有桌子时放在桌上。不允许单手、双手放在桌下，或是双肘支在面前的桌子上，或夹在两腿间。

11. 双手抱在腿上。双手抱腿，本是一种惬意、放松的休息姿势，在教室和办公室不宜如此。

12. 上身向前趴伏在讲台上。不要在教室中出现上身趴伏在

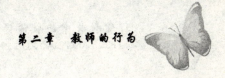

讲台上的姿态，显得无精打采。

13. 仰靠椅背，翘起并摇动二郎腿，会给学生傲慢和随意的印象。

14. 漫不经心地手托下巴。

15. 懒散懈怠地坐在椅子上转身板书。

第三节　教师的走姿

教师在课堂上如果能适当走动，变换一下位置，可以改变学生注视教师的角度，减轻视觉疲劳。教师的走姿要优雅、稳重、从容、落落大方。

一、教师规范的走姿

1. 起步时以站姿为基础，上身略为前倾，身体重心在前脚掌上，步态轻盈稳健。

2. 速度适中，不要过快或过慢，过快给人轻浮印象，过慢则显得没有时间观念，没有活力。

3. 头正颈直，两眼平视前方，面色爽朗。

4. 上身挺直，挺胸收腹。

5. 行走时双肩平稳，双臂以肩关节为轴自然摆动，摆动幅度以 30—40cm 为宜。

6. 身体重心在脚掌前部，两脚跟走在一条直线上，脚尖偏离中心线约 10°。

7. 女教师行走时要走成一条直线，脚步要行如和风，自如、匀称、轻柔。

8. 男教师行走时则要走成两条直线，脚步要大方、稳重、有力。

9. 步幅要适当。着装不同，步幅也要有所不同。

二、教师走姿的特点

1. 教师走姿的特点

教师行走步伐要稳健、自信、刚劲、有力，体现一种胸有成竹、沉稳自信的风度和气质。

2. 教师行走的频率

教师行走的步幅、步频要依据不同场合而定。一般的课堂行走，步频慢，每秒约 1 至 2 步，且步幅小；欢快、热烈的场合步频较快，每秒约 2.5 步左右，步幅应较大，如：带领学生外出游览；庄严的大会，步频以每秒 2 步为好，步幅自然。行走时挺胸抬头，目视前方，摆臂自然。

三、教师走姿禁忌

1. 忌弯腰曲背。教师在课堂中的来回走动是不可缺少的。走时，身板要挺直，两肩要端平。

2. 忌步履蹒跚。走动的速度要根据具体情况来定。走得太慢，使人着急，给人一种漫不经心的感觉；走得太快，使人感到慌乱。

3. 忌面无表情。教师在校园内行走要始终保持微笑，给学生以亲切感。

4. 忌东张西望。教师行走时应随时保持步姿从容不迫，快慢自然，矫健轻快。

5. 忌步子迈得过大或过小，以免有跨越感或谨小慎微感。

6. 忌敞开衣襟。教师的走姿应当端庄，行走中不敞开衣襟，不斜披衣服。

7. 忌拖着鞋走路。

8. 忌勾肩挎臂并排而行。

9. 忌走路时吸烟、吃东西。

10. 忌课堂上走动过频过急。课堂上行走过急会分散学生的注意力，引起学生的反感。

第四节 教师的目光

教师的眼睛是最重要的教学“工具”之一，教师与学生交往，双眼以祥和的目光注视着对方，这是一个相当重要的礼仪，这样会让学生觉得您为人正直。如果眼神飘浮不定，学生会觉得您缺乏可信度。师生之间欲建立良好的默契，在交谈过程中，应用60％的时间注视着学生，注视的部位是两眼和嘴之间的三角区域，这种信息的传接，会被正确而有效地理解。教师在交往中，特别是和学生的交往中，若想获取成功，就要以期待的目光，注视着学生讲话，面带浅淡的微笑和不时的目光接触，这种温和而有效的方式，会营造出一种温馨的氛围。

一、教师目光的运用

目光是非言语交流的重要手段，教师要善于运用这种交流手段，透过学生的眼睛，洞察其内心世界；教师还要善于利用自己的眼睛，对学生实行心理控制，促成心理相容。

1. 不能对学生或他人长时间凝视，否则将被视为一种无礼行为。

2. 与学生谈话时，眼睛注视对方眼睛或嘴巴的“三角区”。

标准注视时间是交谈时间的30%—60%，称为“社交注视”。

(1) 目光注视对方的时间超过整个交谈时间的60%，属超时注视，使用这种眼神看人是失礼行为。

(2) 眼睛注视对方的时间低于整个交谈时间的30%，属低时注视，也是失礼的注视，表明您对学生、对谈话都不感兴趣。

3. 眼睛转动的幅度与快慢，忌太快或太慢。眼睛转动稍快表示有活力，但如果太快则表示不真诚、给人不庄重的印象，同时，眼睛也不能转得太慢，否则为“缺乏生气”。

4. 恰当使用亲密注视，和亲近的人谈话（与学生单独交谈），可以注视他（她）的整个上身，叫“亲密注视”。

5. 学生在课堂上回答问题错误时，一定会感到很尴尬，怕同学们嘲笑，蔑视他（她）。这时您不要看着他（她）的脸，或看一眼后又马上转移您的视线。这样，学生会认为您在用目光讽刺嘲笑他（她）。

6. 师生在交谈中，应注视对方的眼睛或脸部，以示尊重别人，但是，当双方缄默无语时，就不要再老是看着对方的脸。因为双方无话题时，本来就一种冷漠、踌躇不安的感觉。如果此时您注视学生，势必使对方显得更尴尬。

7. 学生离开办公室时，要等学生转过身并走出一段路后，您才能转移目送学生的视线。

当几十双充满渴望与关注的眼睛注视着你时，作为教师，你该以怎样的目光去面对？是慈爱、鼓励，还是冷漠、鄙视？学生希望教师的目光是慈爱的。因此，作为女教师，更应以母性特有的温柔与慈爱来关心、爱护每名学生，让他们在教师眉宇间流露出的情感中，感受真爱、体贴、重视、关怀，使他们在关切中健康、快乐地成长。

二、教师目光禁忌

学生渴望教师的目光是鼓励的。因为它能给学生以自信和力量，增强学生的自尊心、上进心。他们从这种目光中得到鼓励，迎着这种目光，他们敢于大胆地表达自己的观点和要求，敢说自己想说的话，敢做自己想做的事，使他们最大限度地享受自由、张扬个性。

1. 忌责怪的目光。这种目光容易使学生产生逆反心理，造成学生对教师的抵抗情绪，割裂师生问的友谊，使两者矛盾激化，不利于学生健康人格的发展。

2. 忌漠视的目光。只顾做自己的事，不看对方说话，是怠慢、冷淡、心不在焉的流露。这种目光极易使学生的自尊心受到伤害，造成学生产生极大的自卑心理，任何活动不敢积极参与，甚而至于对任何事情都缺乏信心和兴趣，沉默寡言，最终导致性格上的孤僻、冷漠、自私。

3. 忌面无悦色的斜视，是一种鄙意。注视可以表示师生之间在课堂上的相互尊重。教师在上课时对某学生注视较多，这个学生就会感到亲切而专心听讲。而教师对另一个学生连看也不看一眼，他（她）会认为教师对他（她）很蔑视。因此，要做到目光照顾到班上每个学生，教师在上课时就要学会调整角度，照顾到各个方面。如：在课堂上，教师用目光调整学生的注意力。对专心听讲的学生用热情的目光，表示教师满意的心情；对精力不集中、做小动作或窃窃私语的学生，教师用冷漠的目光注视几秒钟，待双方目光接触以后再移开，这样既起到了告诫的作用，又保护了学生的自尊心。

教师在与学生的交流中，要根据不同的情况，采取不同的注视行为，不同的注视行为对师生交流的性质和交流的结果会产生不同的影响。教师与学生之间宜采用亲密注视，教师看着学生脸上的眼睛和前额之间，会对学生产生一种强有力的影响，而且看上去也会显得亲切、自然。教师对学生的教育和帮助会产生积极的效果。

第五节 教师的微笑

在国际交往中，如果语言障碍无法交流，微笑则是迅速达到预期交流的“润滑剂”。微笑即是在脸上露出愉快的表情，是善良、友好、赞美的表示。在绝大多数国际交往场合中，微笑都是礼仪的基础。亲切、温馨的微笑能和不同文化背景的人迅速缩小彼此间的心理距离，创造出交流与沟通的良好氛围。

世界上很多著名的企业家给予微笑很高的评价，甚至奉其为治店法宝、企业的成功之道。美国一家旅行社总裁曾衷心告诫航空公司的空姐们：“Smile，Smile，Smile 等于成功。”

泰国曼谷东方饭店，曾数次摘取了“世界十佳饭店”的桂冠，其成功秘诀之一，就在于把“笑容可掬”列入迎宾的规范，而获得殊荣。

微笑是指不露牙齿，嘴角的两端略向上翘起，眼神中有笑意。人际交往中为了表示尊重，相互友好，微笑是必要的。微笑是一种健康的、文明的举止。一张甜蜜的带着微笑的脸总是受人喜爱的。微笑是教师在教育教学中的重要体态语。她就像一缕缕晴和灿烂的阳光，一串串晶莹剔透的甘露。如果您希望做一个受学生欢迎的教师，第一要旨就是学会微笑。生活中，当您正忧心忡忡，当您正满腹怒气，迎面来了同事朋友或者铃声正催您进课堂，您会用怎样的表情面对学生？作为教师，我们一般会在其他成年人面前注重自己的表情，会懂得在适当的时候掩饰自己的情绪。可是，而对学生，很多教师就不在意了，喜怒哀乐都放在脸上，这恰恰是教师的一大禁忌。

学生往往比我们想象的更会察言观色，并且常根据老师的表情来猜测老师对自己的感觉。如果老师带着自己的不愉快走进教室，孩子会误认为老师不喜欢自己。老师的情绪对学生的影响无疑是巨大的，对学生保持微笑吧，那不仅仅是保持了教师的良好形象，更显示了您伟大的人格魅力。

一、教师微笑的作用

“你今天对客人微笑了没有?”这是美国希尔顿旅馆总公司的董事长康纳·希尔顿在50多年里，不断到他设在世界各国的希尔顿旅馆视察业务时经常问及各级人员的一句话。他说：“无论旅店本身遭受的困难如何，希尔顿旅馆服务员脸上的微笑，永远是属于旅客的阳光。”“旅店里第一流的设备重要，而第一流服务员的微笑更重要，如果缺少服务员的美好微笑，好比花园里失去了春日的太阳和春风。假如我是顾客，我宁愿住进那些虽然只有残旧地毯，却处处可见到微笑的旅馆，而不愿走进只有一流设备而不见微笑的地方。”正是运用微笑的魅力，帮助其度过了20世纪30年代美国空前的经济大萧条，获得了世界性的大发展。可见，微笑是一门学问，又是一门艺术，随着人际交往的频繁，微笑越来越少不了。

笑，即脸上露出愉快的表情，或发出欢喜的声音。在中国的语言文学中有微笑、娇笑、冷笑、狞笑、狂笑、奸笑、谄笑、苦笑、耻笑、讥笑、讪笑等各种特色的笑。不同的笑，表达着不同的心态和感情，传递着各种信息。使人与人之间彼此缩短心理距离，并能创造出交流和沟通的良好氛围的莫过于亲切、温馨的微笑。微笑，它同眼神一样是无声的语言，是人际交往中的“润滑剂”，是一种广交朋友的有力手段。一种有分寸的微笑，再配上优雅的举止，对于表达自己的主张，争取他人的合作，会起到不可估量的积极作用。

1. 表明心境良好。面露平和欢愉的微笑，说明心情愉快，充实满足，乐观向上，善待人生，这样的教师才会产生吸引学生的魅力。

2. 表明充满自信。面带微笑，表明对自己的能力有充分的信心，以不卑不亢的态度与学生交往，使学生产生信任感，容易被学生真正地接受。

3. 表明真诚友善。微笑反映自己心底坦荡，善良友好，待人真心实意，而非虚情假意，使学生与教师交往中自然放松，不知不觉地缩短了心理距离。

4. 表明乐业敬业。工作岗位上保持微笑，说明热爱本职工作，乐于恪尽职守。如在课堂上，微笑更是可以创造一种和谐融洽的气氛，让学生倍感愉快和温暖。

二、微笑的训练方法

在社会交往中笑有多种方式，其中最美的是微笑。发自内心的微笑是渗透情感的微笑，包含着对人的关怀、热忱和爱心。情是微笑的一种重要内力，它赋予微笑以色彩、能量，从而形成强烈的感染力。

1. 微笑的基本方法

先要放松自己的面部肌肉，然后使自己的嘴角微微向上翘起，让嘴唇略呈弧形；然后，在不牵动鼻子、不发出笑声、不露出牙齿的前提下，轻轻一笑。

微笑除了要注意口形之外，还需要注意与面部其他各部位的相互配合，尤其是眼神中的笑意，整体协调才会形成甜美的微笑。

2. 微笑练习

（1）对镜练习。使眉、眼、面部肌肉、口形在笑时和谐统一。

（2）诱导练习。调动感情，发挥想象力，或回忆美好的过去、愉快的经历，或展望美好的未来，使微笑源自内心，有感而发。

教师的微笑可以表现出温馨、亲切的表情，能有效地缩短师生的距离，给学生留下美好的心理感受，从而形成融洽的交往氛围。微笑可以反映教师崇高的修养，待人的至诚。微笑有一种魅力，它可以使强硬者变得温柔，使困难变容易。微笑是师生交往中的增效剂，微笑是化解师生矛盾的有效手段。

第六节　教师的手势

手势是一种极其复杂的符号，能够表达一定的含义。在人际交往中，手势更能起到直接沟通的作用。而人们常常因在人际交往中，不由自主地表现出一些小适当的手势动作，影响友好的沟通。据学者们研究，手势与表情结合，可传导信息的40%。恰当的手势往往是在内心情感的催动下，瞬间自然做出来的。手势可以反映人的修养、性格。手势对于增强教学效果具有十分重要的作用。所以教师要注意手势语言的运用幅度、次数、力度等技巧。在教学实践中，以各种不同形态的造型，描摹事物的复杂状态，传递潜在心声，显露教师心灵深处的情感体会与优雅的举止。

一、教师的手势语言

布罗斯纳安认为“手势实际上是体态语的核心”。古罗马政治家西塞罗说过：“一切心理活动都伴有指手画脚等动作。手势恰如人体的一种语言，这种语言甚至连野蛮人都能理解。”法国大画家德拉克洛瓦则指出：“手应当像脸一样富有表情。”

他们的话从不同侧面指出了手势的重要性。通常情况下，人们通过手的接触或手的动作可以解读出对方的心理活动或心理状态，同时还可将自己的意图传达给对方。

1. 教师手势的作用

（1）澄清和描述事实。

（2）强调事实。

（3）吸引注意力。

2. 教师手势的类型

作为教师，讲课时，都需要配以适度的手势来强化讲课效果。手势要得体、自然、恰如其分，要随着相关内容进行。一般而言，手势由进行速度、活动范围和空间轨迹等三个部分所构成。在教学中，主要被用以发挥表示形象、传达感情等两个方面的作用。教师各种不同的手势语，可分成四种类型。

（1）形象手势，用来模拟状物的手势。

（2）象征手势，用来表示抽象意念的手势。

（3）情意手势，用来传递情感的手势。

（4）指示手势，指示具体对象的手势。

3. 教师的基本手势

（1）垂放，是教师最基本的手姿。

①双手自然下垂，掌心向内，叠放或相握于腹前。

②双手伸直下垂，掌心向内，分别贴放于大腿两侧。

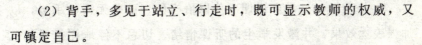

（2）背手，多见于站立、行走时，既可显示教师的权威，又可镇定自己。

应用方法：双臂伸到身后，双手相握，同时昂首挺胸。

（3）持物，即用手拿东西。其做法多样，既可用一只手，又可用双手，但最关键的是，拿东西时应动作自然，五指并拢，用力均匀。忌翘起无名指与小指，故作姿态。

（4）鼓掌，是用以表示欢迎、祝贺、支持的一种手姿，多用于会议、演出、比赛或迎候嘉宾。

应用方法：是以右手掌心向下，有节奏地拍击掌心向上的左掌。必要时，应起身站立。但是，不应以此表示反对、拒绝、讽刺、驱赶之意，即不允许“鼓倒掌”。

（5）夸奖，这种手势主要用以表扬学生。

应用方法：伸出右手，翘起拇指，指尖向上，指腹面向被称道者。但在交谈时，不应将右手拇指竖起来反向指向其他人，因为这意味着自大或藐视。以之自指鼻尖，也有自高自大、不可一世之意。

二、教师应用手势的礼仪

1. 大小适度。在社交场合，应注意手势的大小幅度。手势的上界一般不应超过对方的视线，下界不低于自己的胸区，左右摆的范围不要太宽，应在自己胸前或右方进行。在课堂上，教师手势动作幅度不宜过大，次数不宜过多，不宜重复。

2. 自然亲切。教师在课堂上，多用柔和曲线的手势，少用生硬的直线条手势，以求拉近师生间的心理距离。

3. 恰当适时。教师讲课应伴以恰当的、准确无误的手势，以加强表达效果，并激发学生的听课情绪。切忌不停地挥舞或胡乱地摆动，也不要将手插入衣兜或按住讲桌不动。手舞足蹈会令人感到轻浮不稳重，过于死板又会使学生感到压抑，总之应以适度为宜。

4. 简洁准确。手势是教师最明显、最丰富，也是使用最频繁的教具之一。在讲课讲话时，手势要适度舒展，既不要过分单调，也不要过分繁杂。一般说，向上、向前、向内的手势表示成功、肯定、赞赏；而向下、向后、向外的手势表示失败、悲伤、惋惜等。

三、教师的手势禁忌

手势是最有表现力的一种“体态语言”。教师恰当地运用手势，能够起到良好的沟通作用，也会使自己的形象更美、更有风度。

1. 忌当众搔头皮、掏耳朵、抠鼻孔、剜眼屎、剔牙、抓痒痒、咬指甲等。这些动作会令学生极为反感，严重影响形象与风度。

2. 不要用手指指点他人，用手指指点他人的手势是非常不礼貌的，含有教训人的意味。

3. 讲课时忌讳敲击讲台、黑板，或做其他过分的动作。

4. 忌玩弄粉笔或衣扣等。

5. 忌高兴时拉袖子等不文雅的手势动作。

6. 忌交谈时指手画脚、手势动作过多过大。

教师手势的运用要规范和适度，给人一种优雅、含蓄和彬彬有礼的感觉。谈到自己的时候，不要用大拇指指自己的鼻尖，应用右手掌轻按自己的左胸，那样会显得端庄、大方、可信；谈及别人、介绍他人、指示方向、请对方做某事时，应掌心向上，手指自然并拢，以肘关节为轴指向目标，同时上身稍向前倾，以示敬重，切忌伸出食指来指点。掌心向上的手势有一种诚恳、恭敬的含义；而掌心向下则意味着不够坦率、缺乏诚意。招手、鼓掌等都属于手势的范围，应根据不同场合和目的恰当运用，不可过度。教师要掌握增强语言表现力的有意识手势，并使之优雅自然。

第三章　教师的语言特点

语言是人们传达信息和情感交流的主要工具。作为教师，主要是运用语言的形式向学生传道、授业、解惑，语言是架起“教”与“学”的桥梁。教师的语言表达，是教学艺术和魅力最重要的组成部分，它直接影响着教学的效果。古今中外的著名教育家都很重视教师语言艺术的自觉修养。

优秀教师的语言是一种技术更是一种艺术，曼妙、细腻、唯美、豪迈；优秀教师的语言是一种知识更是一种思想，深邃、练达、智慧、仁爱；优秀教师的语言是一种功力更是一种品位，情趣、意境、修炼、魅力。

优秀教师的语言是人类最美的语言：抑扬顿挫是教师语言的节奏美，诙谐幽默是教师语言的机智美，声情并茂是教师语言的情感美，逻辑严密是教师语言的理性美，启迪心灵是教师语言的道德美；语气平和说明了教师的稳重，语气温和表现了教师的耐心，语气坚定反映了教师的信念；语句连贯表明了教师对内容的熟练，语句清晰反映出教师对内容的准确，语句完整体现了教师思维的缜密，语句优美彰显出教师扎实的功力。优美的语言是给学生的最美的教育享受。

第一节　教师言语技能的十项标准

语言是人类最重要的交际工具，言语技能是人们使用这一工具的能力和技巧。在课堂教学中，教师主要是用语言来传授知识、帮助学生解决问题的，教师使用语言的水平直接影响教学质量。这就使言语技能成为教师最重要的才能和必备的基本功。

人欲善其事，必先利其器。教师应该始终把培养熟练驾驭语言的能力当做一门必修课。衡量教师课堂言语技能应该把握以下十项标准。

一、熟练使用普通话

普通话是国家法定的标准化语言，也是教师必须使用的职业语言。教师应避免使用“南腔北调”的地方话进行课堂教学，使用和推广普通话是每个教师的责任。

二、准确、无误的科学性

教学的科学性原则要求教师传授知识要科学、正确。在语言使用上，教师应力求字斟句酌，做到发音准确、清晰，语句通顺、无误，避免学生错误地接受和理解教学信息。

三、精练、严密，逻辑性强

课堂教学时间有限，不允许教师罗里啰嗦、拖泥带水。这要求教师要对言语行为进行自我控制，对教学信息进行选择、加工，做到言简意赅、富有逻辑性，使教学语言在45分钟内发挥出最好的效益。另外，教师还要注意思维走向，引用阐释、借题发挥等都要紧扣主题、适可而止。

这就要求教师在备课时要仔细、反复地推敲，词语要经过慎重的选择，力求做到中心突出、条理分明，具有鲜明的逻辑结构。讲课时教学语言要干净利索，言简意赅；要能抓住重点，有的放矢；吐词要清晰，读句应分明。

四、生动、形象，富有感染力

生动、形象化的语言一直被教师视为最廉价的直观教具，它能充分调动学生的感觉器官，化抽象为具体、化深奥为浅显、化枯燥为有趣，帮助学生理解和记忆。教师形象、生动的语言描述使学生处于专注和亢奋之中，仿佛见到了他所讲的事物。同时也使学生产生类似的感觉，使得语言信息向深度和广度扩展，增强了感染力，强化了教学效果。

五、平实、自然，不哗众取宠

子曰："言而无文，行而不远。"教学语言应讲究平实、自然，这样才能使学生更好地接受和消化教材。言语的晦涩、艰深或故弄玄虚、空洞无物，只能加重学生的思维负担，阻碍知识的掌握。

六、语言幽默、诙谐

幽默诙谐的语言是课堂气氛的调节器。教师适时的幽默言语可把学生带入一个轻松愉快的教学情境之中，能活跃课堂气氛，解除学生的疲劳，起到寓教于乐的作用。同时，教师幽默诙谐的言语，亲切、和善的语言，可以缩短师生之间的心理距离，调动起学生学习的主动性和积极性。

七、善于使用情感性言语

情感沟通是教学的重要前提，师生情感一致时，双方易形成默契，所谓"心有灵犀一点通"；情感有隔阂，学生就会产生抵触心理，影响教学的顺利进行。因此，情感是教师言语极为重要的因素，它直接影响学生情感变化，影响学生对教学信息的认知和理解。积极的情感性言语能使学生在一种情绪的感染中全神贯注地接受教学信息，它像纽带一样把教师、教学内容和学生有机地沟通起来。

八、留有间隙

在课堂教学中，教师的言语应留有一定的间隙，给学生一些思考和消化的时间，减轻学生的负担。那些贯串教学始终的不间歇的“滔滔不绝”，不但使教师口干舌燥、精疲力竭，也会使学生感到疲惫、腻烦，影响教学效果。

九、语音、语速、语调适宜

言语技能是通过一定的语音、语调、语速表现的，语音、语调、语速是否自然、亲切、优美，直接影响听课效果。因此，教师应善于根据教学内容和学生实际及课堂情境调整自己的语音、语调和语速。在语音上，要清亮、圆润，尖声尖气或撕裂、沙哑的声音都不适于教学；在语调上，要富于变化，给学生一种清新、明快之感。心理学研究表明：同一频率的刺激时间过长，易引起人的疲劳，抑制人的智力活动。所以教师应切忌把教学语言变成一种令学生心烦意乱的单调刺激物；在语速上，教师应根据教学情况把握，做到急缓适当。

十、善于使用态势语言

课堂教学过程中，教师的面部表情、动作姿态虽然不发出声音，但都包含着丰富的内容和深刻的影响力。这主要体现在以下几个方面：

①教学中时而出现的态势语言能转移学生注意力，解除学生持续智力操作的疲劳感；

②态势语言直观形象，可与讲授形成珠联璧合之势，帮助学生正确理解、感知教材；

③适时而有分寸的态势语言能帮助教师控制教学秩序，发挥组织教学的功能；

④态势语言能帮助教师准确地表达对学生的热爱、信任、关心、谅解等美好感情，加强师生心理相容。

总之，掌握运用语言的技巧和艺术是教师的职业需要，每一位教师都应把言语技能的提高摆在重要位置，不断加强语言修养，以充分展示其在课堂教学中的巨大魅力。

第二节　教师语言的情感特征

教师的语言，似热情在燃烧，如激情在澎湃，更是真情在流淌。如果说所有职业的语言都蕴含着自己的情感美因素，那么没有哪一种职业的语言能像教师的语言那样更动人心弦、令人神往、催人奋进、教人求真。教师的语言是人类最美好语言的化身，是古今中外一切职业语言美的集大成者。究其根本原因，是因为教师的语言能传达出人类一切最美好的情感。

人们的情感是有许多层面和各种趋向的。有崇敬的、敬重的、景仰的，有亲近的、关怀的、思念的，也有同情的、惋惜的、怜悯的，还有悲痛的、哀伤的、恐惧的等。反映人们多种情感的语言，也是多种多样的。教师应当针对学生的不同思想情况，根据不同的需要以及所要达到的目的，正确选择和运用情感性语言。

一、用真情的语言去打动学生

当你感觉学生对你讲的话不感兴趣，似听非听，或者听而不信，无动于衷的时候，要想打动学生的心，取得学生的信任，就应当用充满真情实感的语言和学生交谈。和学生交心，使学生感受到你是出于真情实意，是给他讲真话。这样的语言才有力量，才能打动学生，赢得学生的心。

学生是有头脑、有情感的。教师是讲真话还是讲假话，是讲实话还是讲虚话，是用心讲授还是敷衍一通，是真情实感还是虚情假意，学生必定有所鉴别，并且会作出不同的反应，使教师讲的话产生不同的效果。这就如同种瓜得瓜、种豆得豆一样，是必然的。

二、用真情的语言去激励学生

语言作为一种感人的力量，它真正的美离不开言辞的热情、诚恳和富于激励性。因此，教师一定要努力把活生生的灵感和思想贯彻到自己的话语中去，使“情动于中而言溢于表”，从而“使学生产生强烈的共鸣，受到强烈的感染”。教师语言的感情色彩，来源于教师科学的世界观、人生观，来源于教师对教育事业的无限热爱，对文化科学知识的强烈渴求，以及对学生的赤诚之爱。据说鲁迅先生讲课的声音并不抑扬顿挫，也不慷慨激昂，但他的每句话、每个字都充满着感情的魅力，引人入胜，使学生觉得意味深长，使每一个接近过他的学生都感到有一种信念的力量浸透在自己心里。

激励学生，要用富有情感的语言去激励，以情激情，激发学生心灵中潜在的情感，激起学生思想深处蕴藏着的热情，鼓励学生克服自身缺点，放下思想包袱，增强上进心和自信心，更好地学习和成长。

德国教育家第斯多惠说：“教学的艺术不在于传授的本领，而在于关于激励、唤醒、鼓舞。”教师及时、得体的激励语言，对学生的成长进步所产生的作用是不可估量的，有时甚至能影响学生的一生。

捷克教育家夸美纽斯说过："孩子们求学的欲望完全是由教师激发起来的，假如他们是温和的，是循循善诱的，不用粗鲁的办法去使学生疏远他们，而用仁慈的感情与言语去吸引学生，假如他们和善地对待学生，他们就容易得到学生的好感，学生就宁愿进学校而不停留在家里了。"

三、用真情的语言去影响学生

白居易描写弹琴女子的琴声感人时，说："转轴拨弦三两声，未成曲调先有情。"其实说话的道理与此相同，正所谓"情深方能意切，感人全在真情"。老师要想使自己的语言具有感人的魅力，一定要做到"四分含情，六分叙理"。有理而无情，就谈不上生动的形象和感人的魅力。

一个学生作文没交，他告诉你，忘在家里了。对此你会怎么说？（1）"真的忘在家里了？那就回去拿来让我证实一下。"（2）"怎么搞的？这已经是第三次了，明天补交！"（3）"是啊，为了写好这篇作文，你一定花了不少心血，可惜今天不能看到你的作业了。"第一种说法透出教师对学生的不信任，所包含的情绪是幸灾乐祸的：你说没带，我就将你一军——去拿来证实一下。第二种说法，传达出的信息是教师对学生的极不耐烦和不满意，学生听后的感受是遭疏远与排斥的。第三种说法教师传达的信息是信任、体谅学生，同时又表示了遗憾，而且暗示学生老师非常希望看到学生"花了心血"的作业。相信学生听了这样的话语，如果真的忘了带来不会感到委屈，只会感到后悔。如果确实是没有完成作业，回去以后也会“花不少心血”补上。

可见，一个教师的语言，对一个班级，对一个学生的影响是很大的，它能使集体变成熔炉，也能使集体变成冰窟；它能使学生感到教师可亲可爱，也能使学生感到教师可恨可厌；老师的一句话既可以拒学生于千里之外，也可以似一股清泉滋润学生干涸的心田。

四、用真情的语言营造课堂气氛

列宁说过：“没有人的情感，就从来没有，也不可能有人对真理的追求。”每一篇课文都浓缩了作者丰富的情感，具有形象性、感染性的特点。“文章本是有情物”，教师理应做有情人，成为文章与学生之间感情的纽带和桥梁。在教学中，要注重运用情感性语言。

教师只有发自内心对学生关心、爱护、尊重、理解，才能发出富有情感的语言。教师若是缺乏对学生深厚的感情，就不可能运用好情感性语言。有的教师对待学生往往居高临下，盛气凌人；有的声色俱厉地对学生发脾气，说：“我管不了你，就不当教师了!”“到底是你说了算，还是我说了算!”此类语言，大多出自“严师”之口，说是“严师出高徒”，实际效果适得其反。因为这些缺乏情感的语言，极大地损伤了学生的自尊心，学生只会敬而远之。要知道，在现代社会的人格上，师生是平等的。用一些恶言恶语对待学生，即便是赢了理，也赢不来学生的心。所以，无论从教师的神圣职责来看，还是从教育心理学原理来看，都是应当杜绝的。教师只有运用富有情感性的语言教育学生、感染学生，才会使学生感到愉悦，消除逆反心理，愿意和老师亲近。

列宁说过："如果人们没有人类的情感，那么过去、现在、将来都永远不能寻找到人类的真理。"我国唐代大诗人白居易还说过："感人心者，莫先乎情。"

大量的教育实践和理论研究表明，教师以及他们的教育对象——学生都是有情感的人，情感教育是教育实践的有效手段之一。情感总是在人的认识基础上产生，并与认识过程相伴随的。教师讲课、讲演、谈话、谈心，要想感动人，得先有情，情是不可或缺的。"情不深，则无以惊心动魄。"教师不仅要有情，还要情深，情深才能产生无穷的魅力。

第三节　教师语言的鼓动性特征

课堂教学艺术的真谛，不仅在于使人知、使人会、使人信，更要使人乐，也就是鼓动学生奋发前进。因为教学艺术的基本意义，从某个角度说，就是“唤起”。没有“唤起”，就难以达到“使人知、使人会、使人信、使人乐”，教师语言的鼓动力。也正是教学语言的力量所在。古希腊哲学家德谟克里特说得好：“用鼓动和说服的语言来造就一个人的道德，显然远比法律和约束更能成功。”

综观特级教师、优秀教师所上的“优质课”，教学效果之所以能如此令人倾倒，无不在于其引导有术、引导有方，能最大程度地调动学生的学习主动性和积极性，全身心地投入到教学活动之中。

学生的高涨学习热情都依赖于教师富有鼓动力的教学语言，交给学生“一把火”，去点燃智慧。富有鼓动力的教学语言，可以用5个字概括：夸、启、逗、赛、激。

一、“夸”

“夸”——就是教师对学生的夸奖和赞扬。学生对正面激励是特别敏感的。这也反映了儿童喜好求上的天性，教师应当加以重视与爱护。“夸”是一种正面的鼓动，可以调动学生高涨的学习情绪。在课堂上教师应当不失时机地夸奖和鼓励学生，用不同的教学语言对学生的表现作现作出反馈。如：“是的”、“不错”、“很好”、“你有进步”、“你真棒”、“你真能干”、“你真是个爱动脑筋的孩子”……尽管这些说法意思差不多，但不同的表达方式，能给学生以新鲜感，增强夸奖的效果。

不仅对学生的良好表现，加以夸奖，有时对表现不佳的某些现象，教师也可以用“曲说”，作旁敲侧击式的“表扬”，变干扰因素为促进因素。如上课发现个别学生思想开小差，正要指出，突然钉在黑板上的挂图掉了下来。教师灵机一动，来个顺水推舟，说：“哎，这胶带真没劲儿，这一会儿工夫就坚持不住了。哪像我们小朋友，整堂课都精神饱满、注意力集中，决不会像这胶带，是不是？”

当然，教学语言的“夸”，要以教育效果如何为衡量标准，夸要夸而有信，夸而不浮，夸得得体。

二、“启”

“启”——“启”本身也是有鼓动性的。“启”而后“发”，“发”便是鼓动产生的效果。“启”主要是指教师用教学语言去鼓动学生打开思路，积极思考。教学语言的鼓动性，主要表现在教师善于激励学生展开思维活动上。

三、“逗”

“逗”——这里是“引”的意思。教学语言的鼓动力，也表现在教师的善于逗引上。教师的“逗”是各种富有情趣的方式，凭借幽默智慧的语言去引出学生高涨的学习热情。

四、“赛”

“赛”——“赛”就是“竞争”，即为了达到一目标而进行的较量。竞争给人以勇往直前、奋发向上的动力，可以调动、激发人的积极性。所以，教师语言的鼓动力，主要体现在能够刺激学生增强竞争、竞赛意识的话语上。

五、“激”

“激”——“水不激不跃，人不激不奋。”“激”是通过教学语言对学生的刺激和影响，调动、激发学习的积极性、主动性和创造性。“激”的语言要比“逗”、“启”更为强烈、直接。

教学语言的神奇魔力，能唤起人们的所有灵性。而教师语言的鼓动力，正是教学语言的力量所在。它能交给学生“一把火”，点燃智慧，照亮生命。

第四节　教师用语十忌

一、粗言

教师在课堂教学时讲粗言，潜移默化下，学生也难有什么礼貌语言。而且，在学生心目中，教师那神圣的形象必然会随着教师的粗言而蒙上一层污垢。至于教师要求学生使用礼貌用语，其效果当然是不言而喻的，甚至还会引起学生的反感——你当老师的都不带头讲礼貌语言，为何却要我们讲？

二、俗言

在课堂上，教师切忌片面的、过分的追求课堂气氛热闹而大讲特讲俗言，俚语。这里所讲的俗言，指的是那些粗俗的，不够文雅的语言。诚然，有时候讲俗言的确可使讲课内容通俗易懂。但物极必反，如果俗言讲得过多，则让人觉得俗不可耐，不但收不到应有的效果，反而会带来不少负面的影响。

三、冷言

有些教师，对学生不是一视同仁，而是偏爱那些品学兼优的学生，歧视所谓的“双差生”。他们对“双差生”不但不热情教导和耐心辅导。相反，极尽讥讽之能事，更有甚者，当着他们之面冷言冷语，嘲讽有加。有些“双差生”便因受不了教师的冷言冷语而辍学。教师的这种行为，既有违师德，还会挫伤学生的自尊心，易使其破罐破摔，甚至产生对立情绪。如此一来，又会增加教育的阻力。

四、恶言

一些教师，由于性情暴躁，或是年轻气盛，对自己的教学水平自视甚高，容不得他人（特别是学生）批评指责。当学生提出不同的意见时，不是冷静下来反思，而是认为学生故意出自己的“洋相”，是顶撞自己。于是恼羞成怒，继而恶言相向。殊不知这样一来，不但于事无补，反而会降低自己在学生心目中的地位。

五、无言

少数教师，心胸狭窄，对个别学生曾“有意”或“无意”顶撞自己或令自己“出丑”之旧事，往往耿耿于怀。于是采取“冷战”之态度，不理不睬这些学生，上课时不提问他们，甚至在课后也不批改他们的作业，以此“惩罚”学生。其实，对学生一时的过激话语，教师大可不必放在心里。俗话说，宰相肚里可撑船。学生毕竟还是未成年人，教师怎能与他们斤斤计较呢！

六、胡言

有些教师，特别容易情绪化，往往把课堂当做个人在工作、生活中遇到不顺心、不如意之事的发泄场所。将自己的不满情绪借讲课之机发泄，甚至上纲上线，非议国家政令、法规，或对某些领导说三道四。如此一来，往往会让学生不知所措。更有个别教师，自以为无所不知。无所不能，感慨个人怀才不遇，进而胡言妄语。其实，这样只会引起学生的反感。

七、戏言

为人师表的教师，在课堂上对学生讲过的话一定要算数，承诺的事情一定要尽力兑现。如因确实有困难而难以兑现的事情，应主动对学生讲清楚，及时解释。否则，言出不行，何来诚信？又让学生如何遵守诺言，讲求信用？

八、怨言

对学生因没按时完成作业，或是学校、班科任老师工作协调得不够的地方，或者是个人工作、生活上的问题，教师本人应该在课外积极想法解决，而不应在课堂上过多怨言。不然，既会影响学生听课的情绪，又会使教师的讲课效果大打折扣。

九、秽言

古语云，德高为师，学高为范。作为一名人民教师，面对纯真的学生，若是不注意加强自身的道德修养，有时候，尽管不是满嘴秽言，然而，哪怕是那么一句，恐怕也会让学生大为惊讶——原来老师也讲秽言啊！也许，在他们幼小纯洁的心灵中，教师神圣的形象会就此倒塌。

十、赘言

课堂教学用语，特别强调简明扼要，清楚明白。如果教师习惯重复啰唆，不仅浪费时间，也让人生厌。

第四章　教学语言操作

语言是思维的工具，只有美的语言才利于进行审美思维。语言所创造的纯净高雅、意象丰富、意盈于言的意境是激人进取的兴奋剂，即所谓“言有尽而意无穷”。要追求语言的意境美，不但要从宇宙观的高度进行使人沉思的冷概括，更重要的还是要进行能引起发散性的使人“浮想”的热处理。这是审美的关键所在。教学语言只有充满辐射性和发射性，不被自身的框架所约束，才能产生意境美。

第一节　教学语言的自控性操作

所谓语言的自控性，是指教师在教学中始终保持清晰的自我意识，较强的自我监听能力，自觉地掌握自己言语的品质，准确地控制知识信息输出的程序、内容和形式，适时调整自己言语的速度、频、节奏、韵味等。

教师在讲授中应始终保持清醒的头脑，牢牢把握语言信息的主动权。在教学实践中，有几种情境教师语言容易失控：情绪激动时，口若悬河，滔滔不绝，无休无止；讲解重点、难点，旁征博引，喧宾夺主；重点讲完，闲言碎语，填塞时间；讲得顺利，自鸣得意，节外生枝；讲得不顺手，偷工减料，或责怪学生等。为了克服上述失控现象：

首先，教师一定要精心备课，注意教学节奏，并注意几种话不说，即“哗众取宠的热门话不说；显示自己的‘贴己话’不说；似是而非的糊涂话不说；可有可无的额外话不说；反反复复的‘轱辘话’不说；有伤大雅的污言秽话不说……”教学中一点“水分”没有不好，味同嚼蜡；“水分”太多，影响知识信息的质量，也令人生厌。

其次，提高警惕，特别注意容易失控的地方，如：心情高兴的时候，容易借题发挥；心情悲哀的时候，容易忽略主题。

再次，培养自我监听能力，及时调整语言和改正错话。

所谓自我监听，就是教师对自己的语言表达，要做到心中有数，一刻也不放松，只要使用口语表达，就要用自己耳朵去监听自己的语言输出情况，检验是否符合自己的意图。这样，即使偶然一时不慎，失嘴说错，也能从“监听”中发现，随时进行改正。

第二节 教学语言的个性化操作

“风格就是人。”教师都是各具个性的人，性格脾气、专业特长、知识修养、生活经历各异，因此教学语言既要有一般的、共同的要求（如都要“情动于中而形于言”），又要允许各有千秋，形成各自不同的语言风格。那种千人一面的做法只会窒息新鲜活泼的教学语言的生命力。每个教师完全可以根据自己的性格、气质、专业，各领风骚，精心“酿造”自己的语言的风格。可以流畅清晰、脉络分明见长，也可以感情充沛、气势磅礴取胜；可着力风趣、幽默又不落俗套；也可重在逻辑严谨而又不显干涩。有的教师感情奔放，文学功底好，讲起课来妙语连珠，具有较强的艺术感染力；有的教师则用自然的旋律，语言质朴明快，平易近人，借助严密的逻辑力量，同样能起到悦人之耳，爽人之心，使人“平”中见奇，“平”中见深的功效。最终达到殊途同归，在朴素中见热情、见智慧，见力量，收到“平”中见新，完成教学目的任务。

克服平直的教学语言行为

这里讲的言语平直，与语言所要表述的内容无关，是指教师在使用语言时，没有能够通过声调、节奏、速度等充分表现内容中潜隐着的附加信息。国外有人通过实践研究认为：“真正的含义似乎是靠辅助语言要素，而不是靠语言本身来表达的。”

教学语言的特点，固然与教师所教学科的性质有一定的联系。数学课上，教师的语言以简练、明白、严密取胜；语文课上，以含蓄深沉或感情奔放、富于形象等见长；音乐课上，又以生动活泼、俏丽清新来赢得学生，等等。但是这些不是绝对的。不管哪种性质的学科，教师的言语过程都不能平直死板，否则学生就会兴趣索然，教师的讲课也无法吸引学生。

教师的言语表情特点，需要主体溶化进必要的情感因素。言语平直的教学之所以吸引不住学生，或者是因为讲课没有激情，于是给人一种有气无力的感觉；或者是因为把握不住情感外露的分寸，于是无法做到该奔放时奔放，该纤巧时纤巧，该恬淡时恬淡，该诙谐时诙谐。音量高低失当、缓急失度，学生极易产生疲劳感，使讲课失去本身应有的魅力。从言语的节奏变化上看，它更多地与教师心理停顿有关，而心理停顿又取决于教师对所要表达内容的正确理解，否则语气语调就反映不出疏密有致、抑扬顿挫的特点来。“平平淡淡的念稿子”式的语言，不仅不利于材料思想内容的表达，而且也无法体现教师驾驭材料的那种自信，当然也就难以吸引住学生。

从语言的生动形象这一特点上看，言语平直的教学没有文采，建立不起所要表达客体的生动形象，因而不能产生如见其人、如闻其声的“直观效果”。

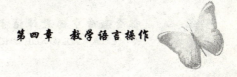

第三节　教学语言的规范性操作

规范性是语言能够实现其交际职能的根本属性。教学语言首先应当绝对地规范，即符合现代汉语语法规范，这是实现艺术审美创新的基础。另外，教学语言本身也起着一种语言教学的示范作用，直接影响着学生的语言、语感训练。但是，这又并非只是语文教师的事。“而且任何一门其他学科的教师，都应当首先精通语文。”（苏霍姆林斯基语）语言的重要属性之一是工具性，教学语言理所当然地是教学的主要工具。

在语音方面，要求教师发音准确、口齿清晰，能纯正流利地说普通话。而现在方言区教师队伍的普通话水准还根本谈不上“纯正流利”，就是能用“三级普通话”进行教学的教师，也并非主流，特别是在广大农村中小学更是少得太不应该！推广普通话是汉民族走向现代化的重要条件之一，早已纳入国家的政策之中。学校是推广普通话的重要阵地，教师是这一工作的主力军，担负着不可推卸的重任。如果各地教师不舍得或难于改变自己的方言土语，或认为反正在本地教书，学生都听得懂，没有必要“打官话”，那么，整个民族的语言将一直维持在“南腔北调”的低级状态，这样代代相传，将造成深远的社会影响。并且，这本身也是一种教学的失败。

推广普通话先从教师过，才是正本清源之策。教师要过关，除了各人应根据自己的条件和特点，想方设法、主动进攻、苦心修炼外，各级教育部门还应大力创造条件：一从师范教育抓起，学生毕业之前，保证普通话要人人过关；二要抓在职教师的培训；三应与各项考核和奖励制度（措施）成龙配套。

在选词选句和“语风”方面，要符合普通话的规则和现代汉语的习惯，合乎民族心理。叙事状物、说理抒情要通俗顺畅、条理清楚、适度得体。择词用句及语段组合要准确精当，具有严密的逻辑力量，充分有效地交流思想，传递信息，尽量显示出一种“鲜明、生动、准确”的语言风格，为学生喜闻乐听。由于教学语言不是纯粹的口语，而具有书面语的一面。所以，事先应有所考虑和安排，进行适当的锤炼加工，力求说出来的话更臻规范。

针对目前教学语言中严重存在的语言不健康现象，在此提出八个戒条，以促其规范化，进而达到纯化、优化、美化的境界。

一戒病——念错字，生造字词，文理不通。

二戒俗——低级趣味，挖苦讥笑，街谈巷议，猥碎亵语、婆婆妈妈。

三戒蛮——居师自恃，语气咄咄逼人，强词夺理耍威风，令人听而生畏。

四戒游——离题万里，漫无边际，言无余、语无旨，令人茫然。

五戒吹——自吹自擂，大言不惭，虚张声势。

六戒玄——故弄玄虚，不看对象，吊书袋，卖关子，故作艰涩，满口术语，玄乎其玄。

七戒废——长篇大论，又长又臭，拖泥带水，拉里拉杂。

八戒套——“教八股”，陈词滥调，老生常谈，标语口号，照本宣科。

第四节 教学语言的通俗性操作

通俗明白、浅显易懂是教学语言的最基本的要求。教学过程主要是师生之间传授文化科学知识的双边活动，教师的基本任务是根据教学大纲的要求将教材的知识内容传授给学生，从而使学生听懂、学会，熟练掌握知识技能、发展智力、提高思想。其前提条件是教师使学生能听懂，而如果教师所使用的教学语言，不能通俗明白、浅显易懂，讲话吞吞吐吐、刁钻晦涩、词不达意，使学生听起来糊里糊涂、莫名其妙，这就无法实现教学目的。

在教学过程中，学生认识事物的一个重要特点，主要是获得间接知识。这样学生可以迅速地接受前人的知识财富。但这种表现在教科书或其他教学参考书中的知识，是用书面语言来传递知识信息的。书面语言和口头语有两种不同的存在形式，虽然彼此有密切联系，但又各具特点，有一定差距。有些书面语言，学生是不易理解的。为了使学生更好地感知教材，理解教材，教师还必须把比较艰深、死板的书面语言变成浅显易懂的、比较活泼的口头语言，使学生容易理解。这也要求教师的教学语言通俗化、口语化。

教师的有声语言作为物质形式的刺激物，它表达的意义只有被学生接受才能真正构成有实际意义的教学活动。因此，教师只有运用大众化的语言，讲得通俗易懂、明白晓畅、平易近人，才能使学生听得懂、听得明白、解得开、串得起来。中小学生年轻幼稚，知识经验不多，特别要求教师讲课要明白晓畅。如果满口新名词、新概念和专门术语，或故作高深、晦涩难懂，势必影响学生理解知识。教师讲课要注意用语的规范化，不生造名词术语，不说半通不通的文白混杂的话，也不说吞吞吐吐的半截子话。

从前有个秀才赶集，遇到一个担柴的樵夫，就叫：葆薪者过来。”樵夫听得莫名其妙，但“过来”两个字还是听懂了。秀才又问：“其价几何?”樵夫不解其意，只听懂了一个“价”字，回答了。秀才嫌贵，又说：“外实而内虚，烟多而焰少，请损之。”本来秀才想让卖柴的减价，却用了半文不白的词语，樵夫听不出所以然，只好走了。有时教师为了让学生听得明白，精心设计通俗的语言或一个恰当的比喻。

湖南有一位特级物理教师教“液体和蒸发”时，使用晒衣服的例子提问：“刚洗过的衣服要干得快，应晒在什么地方?”学生答：“晒在太阳下面。”“是拧成一团干得快，还是展开干得快?”然后他稍加概括，就把液体蒸发的条件（升高液体温度、增强液体表面空气对流）讲清楚了。这样的讲述，学生不仅易于理解，而且经久不忘。“文字不怕朴实，朴实也会生动，也会有色彩。”

鲁迅先生是一位语言大师，他讲课就通俗易懂。一次上海某大学举行“美的阶级性”的讲座，鲁迅先生从浙东农民娶媳妇不要“杏眼柳腰”、弱不禁风的林黛玉式的“美人”，而要“腰圆臂装”、肤色红润、健康的农村姑娘谈起，深入浅出，生动形象地说明农民、地主的政治经济地位不同，导致不同的审美标准。因此，他告诫“竭力来作浅显易解的作品，使大家能懂、爱看，以挤掉一些陈腐的劳什子”，“有真意，去粉饰，少做作，无卖弄。”这是同样值得我们每位教师记取的。

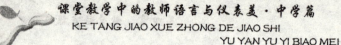

第五节　教学语言的科学性操作

教学的基本任务是向学生传授科学文化知识。在此，教师语言就必须具有高度的学科科学性。

在学生的心目中，教师就是知识的化身，是学生崇拜的“偶像”。在讲授之前，教师对自己所要讲的内容必须首先进行充分的了解和深入的研究，做到概念明确、判断正确、推论合理，把握住每一个问题的内在规律和本质联系。做到思想无谬误，语义不费解，并进行整理，使之系统化、条理化，突出主题，合乎思想规律和逻辑程序。这样，才能在讲授的时候，层次分明、脉络清晰、自然连贯、环环紧扣、顺藤摸瓜、顺水寻源，渐渐达到领悟、掌握的境界，从而实现预定的教学目标。

科学性是对表达的内容而言，它赋予教学语言以强大的雄辩力和征服力。教师的教学语言应力求以无可辩驳的事实和无懈可击的教学论证，准确地表达出自己的思想，并导出令人信用的科学结论，才能既保证科学知识的传授，又促进学生科学的思维方式的形成。

教学语言的科学性，主要体现在准确性、精炼性、逻辑性和系统性上。准确性是指正确地引用科学术语，准确地表达事物的现象和本质，杜绝含糊不清的概念和模棱两可的表述。科学术语往往因一字之差而面目全非，对事物的表达也往往因一个关键词语的使用不当或疏漏，而导致错误的结论。例如，“二氧化碳一般不支持燃烧”这句话，不能叙述成“二氧化碳不支持燃烧”，精炼性就是要言简意赅，干净利落。课堂上说的话应该是多一句嫌多，少一句嫌少。只有这样，讲课才能针针见血、丝丝入扣、言必有中。切忌拖泥带水，罗里啰嗦；系统性就是语言表达层次分明、条理清楚，做到前后连贯、上下承接、推导有致、言之有理，便于学生清晰地把握知识脉络，形成完整的知识结构；逻辑性就是指阐述、论证问题严密周详、无懈可击。教师的语言只有逻辑严密，才能达到简练而深邃。

无论自然科学知识还是社会科学知识，都是客观规律的反映，讲解科学知识，必须精确地表达知识的内涵。对各种现象的描绘，以概念、定义、规律的表达，都要做到语言准确，不使人产生疑义和误解。使用概念，进行判断，要合乎逻辑。

语言的科学性，也反映在语言的规范化上，发音要标准，吐字要清楚，讲好普通话，选词选句要讲究语法，叙述事物要遵循事物发展的序列，一步一步地展开，使人听起来条理清晰、层次分明。

语言的科学性，要求教师语言精练、干净利落、不说废话、不带语病、言简意赅、恰到好处。概念的阐述不模糊，判断推理不模棱两可。用最简练的语言，表现最丰富的内容。

课堂教学是语言形式和知识内容的统一的表现。语言本身不等于知识，但知识必须依赖语言来表达。学校设置的各门课程，不论是自然科学还是社会科学，都是科学知识。知识的科学性，决定了教学语言的科学性。教师以传道、授业、解惑为己任，在教学中必须做到：传道，传以真理；授业，授以真知；解惑，解以真谛。因此教师在叙述、讲解、提问、释疑中，其语言一定要准确。所谓准确，是指发音要正确，不可把“莫邪”“膏肓”“参差”“酗酒”之类的字词读错。要用普通话教学，力戒方言土语。说话要符合语法规范，措词精当贴切。

语言是约定俗成的符号系统，只有符合语法规范的语言才能规范的语言并不都适合教学语言的要求。例如常用的倒装句、多重修饰、动名词短语做宾语等书面式在口语中就应尽量避免。准确的第二层意思，是讲课不能违反逻辑上的种种规律。做到确切地使用概念——概念内涵和外延力求表达明确；科学地进行判断——每个判断的主概念和宾概念之间的关系要揭示清楚；合乎逻辑地进行推理——从前提到的结论，都要合乎逻辑。教师准确地使用专业性术语至关重要。教师要用最简洁的语言表达最丰富的内容，做到“惜话如金”、“丰而不余一言”、“约而不失一词”。教师的语言要剔除一切冗词赘语，避免不必要的重复，克服一切阻碍信息传输的因素。在实践中，准确与精炼并非没有矛盾。比如有时准确了，却同义反复，没完没了；有时精炼了，却用语过简，表达概念不全，不够周详严密，说不上准确。

第六节 教学语言的启发性操作

教师用语言进行教学，不只是简单地向学生灌输知识，还要激发学生积极思考问题，使学生主动地随着教师的语言思考、分析问题，在共同的思维活动中，弄懂道理、掌握规律。因此，教师的教学语言应具有启发性，教师一面提出一些有意义的问题，一面激发学生去思考它、探求它，使学生在教师语言的启发引导下，沿着教师语言的逻辑和思维顺序，一步步地探求真理、寻找答案、获得真知，从而既增长知识，又发展智力。

教师的教学语言必须具有启发性。即是说，教师的教育、教学不是一种单向的简单传授和灌输，而是通过富有启迪、暗示、点拨、引导性的教学语言，激发学生的学习兴趣和积极性，从而产生内在的自我学习要求与愿望，焕发学习的主观能动性。

陶行知先生在一次报告中别开生面地把一只公鸡抱上讲台，周围撒些米，强按着公鸡的头让它吃米，可鸡怎么也不吃。人一旦放手走开，公鸡便自动而贪婪地啄起米来。因此，他联系到教师在教学中运用启发式教学，对于调动学生学习积极性是何等重要！有些教师为了急于完成教学任务，常常把现成书本硬“喂”给学生，其结果适得其反，而且养成了学生学习上的惰性。教师教学语言的启发性，还要求通过特定的教学方法和语言表达形式，把教师的教学主导作用和学生学习的主观性结合起来，重在启发学生的积极思考。对那些可以自然地顺理成章地得出的结论，教师可以通过巧妙的提问、活泼的讨论，让学生用自己的头脑去思考，用自己的语言来归纳总结表述；对那些较为复杂的深层问题，教师可以设计层层“阶梯”，通过丰富生动的课堂双边活动或实践活动。引导学生步步深入。

教师的每一堂课，都应当是教学方法、语言艺术的创造与提高。要让自己的教学语言具有一种磁力作用，把学生全身心地吸引到课堂教学的意境中来，通过一个又一个悬念，将学生引入“因而学之”和“欲罢不能”的境地，从而训练、培养学生的思维能力和实践能力。启发式的教学语言，不仅涉及到教师语言的基本功，而且也是教学艺术和组织教学能力的综合体现。

教师讲课语言的启发性，就是在用语上要处处着重于充分调动学生思维的积极性，引导他们积极开动脑筋，独立地去获取知识。即通过教师的“讲”，诱发学生的“想”。这就要求教师善于提问，善于使用启发性谈话法，多问那些须动脑筋的问题，使学生的思维不断处于“愤”、“悱”的状态。

第七节　教学语言的情感性操作

教师语言的情感性具有动力性，是最为影响教学工作的动力因素，对教学工作的进程和质量有很大的影响。

心理学认为，人的情感与认识过程是紧密联系的，任何认知活动都伴随着一定的情感，又都是在情感的动力影响下进行的。教师的情感不仅影响着自己的教学思路，更对学生的感知、记忆、思维、想象等认识活动产生重要的作用。实践结果表明，教师富有情感的课堂语言，会激起学生相应的积极的情绪体验，容易产生情绪共鸣，有利于创造一种生动活泼、和谐愉快的课堂气氛，从而使学生带着强烈的求知情绪开始学习，在情绪高涨的气氛中进行智力活动，在满足的情绪中解开知识之谜。相反，教师冷漠的态度，粗暴、刻薄、训斥的语言，会阻碍师生间的情感交流，增大师生间情感上的距离，使学生的大脑皮层处于抑制或半抑制状态，成为妨碍学生学习的情感色彩。要使学生感到教师的一片爱心，体验到愉快、振奋的情感，积极主动地参与学习活动。教师要恰当地利用表扬和批评去唤起学生相应的情绪体验，以巩固、调整或校正他们的行为。

古人说："感人心者，莫先乎情，莫始乎言，莫切乎声，莫深乎义。"教师讲课时，不能像不食人间烟火的菩萨。正襟危坐的卫道者、说教者的姿态会令学生生厌。为了更好地表情达意，教师的教学语言，不但能使学生从形式上，而且更有助于他们从内容上去感受知识。为此，教师要心动神随、情绪饱满，运用语言、手势、面部表情、声调等变化，富有情感地体现讲课的内容。或娓娓而谈，或悲愤深沉，或慷慨陈词，或嬉笑怒骂，使教学引人入胜，有效地激发起学生的求知欲，唤起学生与真善美的共鸣。因为这种富有情感的语言，不但作用于学生的感官，而且直接作用于他们的心灵。与此相反，那种感情板滞或有气无力的无病呻吟，或矫揉造作、装腔作势以及不恰当的嬉笑怒骂既不利于学生的学习，也不能引起学生积极的情感体验。

教师的教学语言的情感表达必须具备节奏性，即教师课堂教学语言要有特殊的语言速度和声调变化。教师教学语言的节奏不同于其他任何一种职业语言的节奏。这是因为学生对于教师课堂教学语言，从接收、辨析到理解、记录，通常有一个特定量的时间过程。教师课堂教学中的语言节奏快慢，必须充分注意这一特定时间量的把握。要随时观察语速节奏，给学生留有思考、“咀嚼”的余地。

有经验的教师，能恰到好处地掌握语速快慢，能根据教学内容，艺术地处理语调节奏的顿挫变化。内容平缓时语气舒展，注入情感时语调激昂；一般叙述、推理时速度、语调适中；重点、难点之处减速强化。学生从教师的语速、语调节奏的变化中，受到暗示与指引，继而积极主动地配合教师，准确把握教学内容与要求。没有语速变化的教学语言，会使学生感到单调乏味；没有语调高低变化的教学语言，同样会使学生听觉疲劳而“充耳不闻”。

第八节 教学语言的直观性操作

所谓教学语言的直观性，是指语言要生动形象，既幽默诙谐、活泼有趣，又浅显易懂、深入浅出，使学生有“如临其境”、“如闻其声”、“如见其人”的感觉。

小学教材《瀑布》一诗，通篇无一字直接写瀑布的声音、颜色、形态，而一位教师的讲课，会使学生仿佛身临其境，如闻其声、如睹其色、如见其形。他绘声绘色地描绘道：

“诗人站在远处看到千丈青山岿然不动，瀑布像白银一样镶嵌在上面，形容了瀑布的色彩又写出了它的静态。走近呢，瀑布溅起许多水点犹如粒粒珍珠，看上去瀑布不是像一座由无数珍珠串成的屏风吗？远看如银链，近看似珠屏，有形有色，化动为静，写得多美啊！”教师还动用十分形象、直观的语言让学生体会风吹过瀑布，小水点在不同层次的疏密动态。“如烟”是形容小水点及水汽上升飘散的状态；“如尘”是形容下层小水点纷落的状态。通过教师传神的讲述，不仅使学生了解了瀑布，而且感受了瀑布的美，祖国山河的美。

在教学中，为了活跃课堂气氛，开启学生心智，增强教学效果，教师的语言应有幽默感，做到寓庄于谐。在课堂教学中，在保持课堂庄重严肃，坚持科学性，思想性的前提下，结合教学内容，适时穿插一些颇具情趣的笑话趣谈、幽默逗人的比喻、发人深省的典故、成语、箴言等，使讲授妙趣横生。

有一位语文教师为了给学生纠正方言土语，引导学生学好普通话，他了解学生语言情况后，把赵元任先生写的《施氏食狮史》用拼音印发给学生注汉字。原文第一句为“石室诗士施氏，嗜狮，誓食十狮”。公布原语文结果，竟无一人对。其中有学生注为“是死尸、是死尸、誓撕，誓撕死尸”。大家在捧腹大笑之余，对宪法规定的“国家推广全国通用的普通话”理解加深了，学习普通话的自觉性提高了。

一切语言的生动性、直观性都要受教学内容的制约，因此要使幽默的轻松感和科学的严肃感协调一致，幽默必须适度，不可庸俗化，以至贫嘴滑舌，插科打诨；或用得太滥，平添蛇足，其效果就适得其反了。正如老舍先生所说“死啃幽默总会有失去幽默的时候；到了幽默论斤卖的时候，讨厌是不可免的。”

第九节　教学语言的针对性操作

教师的教学语言必须有切实的针对性，不能闭着眼睛说瞎话。教学语言总是受学科、教材内容、学生的年龄特征、学生的听讲情绪所制约。文科教学，要求教师善于运用语调的变化、优美丰富的词汇，使语言富有较强烈的感情色彩，抑扬顿挫、节奏感强。例如讲到英雄事迹时，声调要明快有力，高亢激昂；讲到悲壮内容时，声调则缓慢低沉、爱憎分明，努力增强艺术感染力。理科教学，则要求概念阐述准确，定理、原理论证严密，根据教材难易和重要程度，及时改变语调和语速。即使是同一学科的不同教学内容，以语文为例，由于作品的基调不同，教师的用语也要有所差异。如《白杨礼赞》，庄严而深沉；《最后的讲演》，激昂而义愤。对于不同年龄阶段的学生，也要注意不同语言形式的运用。在小学教学中，根据小学生思维具体性直观性的特点，教学语言特别要注意形象化，避免成人化，突出语调的变换，说话的速度要慢些，对话语言与独白语言相比，应有相对优势，非语言的辅助手段运用比较多。

有一位数学教师在引进“X”这个未知数的概念时，先让学生做几道填空题的练习，然后用手指着括号对学生说：“面对面的是括号，背靠背的是什么呢？（边说边在黑板上写出 X），X 与

() 都表示我们所要求的未知数。”教师形象地引起学生对已有经验的联想，自然地实现了新旧知识的过渡，并防止学生把 X 写成“)(”。

在课堂教学中，教师要眼观六路、耳听八方，敏锐地洞察学生思想情绪的起伏变化，灵活、机敏地运用和调节自己的语言。

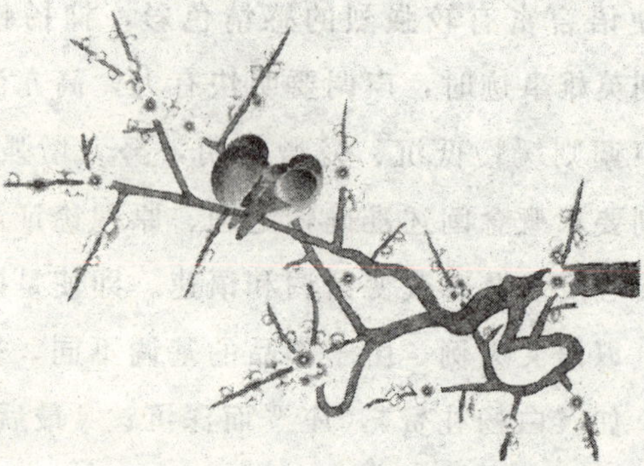

第十节 教学语言的审美性操作

教学语言启迪人的智慧，塑造人的心灵，给人以积极奋发的启迪和教育，给人以健康高雅的美的熏陶和享受，引起人们对美的鉴别、追求和创造。因此，只有美的语言才具有这样的力量，美的教学语言应是外美内秀的。

语言形式的音乐美

“语言即音乐”。首先发音吐字要求清晰准确，学生听起来才能声声入耳，易听好懂。这是语言美感产生的基础。其次，在旋律和节奏上要求语调谐调，旋律和美，节奏明快，富有音乐性。构成语言旋律感和节奏感的因素有语调的强弱、抑扬、轻重、疾徐、断续等。教学语言的响度是否合理就以学生听觉上的舒适感为准。

语言内涵的意境美

语言是思维的工具，只有美的语言才利于进行审美思维。语言所创造的纯净高雅、意象丰富、意盈于言的意境是激人进取的兴奋剂，即所谓“言有尽而意无穷”。要追求语言的意境美，不但要从宇宙观的高度进行使人沉思的冷概括，更重要的还是要进行能引起发散性的使人“浮想”的热处理。这是审美的关键所在。教学语言只有充满辐射性和发射性，不被自身的框架所约束，才能产生意境美。

教师的教学语言应有一种和谐匀称美

主要指讲课中声调要有变化，忌平铺直叙。发音轻重、速度快慢、抑扬顿挫、起伏跌宕，以及脸部表情、手势等“体势语言”的运用都要十分讲究。课堂语言应是声音洪亮、圆润、甜美、吐字清晰、咬字准确、发音规范，说话速度快慢、语调高低的变化都错落有致。一般来说，在教材的重点、难点、关键处应字正腔圆、一句一顿，并注意用眼神暗示学生，间或适当反复，以便给学生以较强的刺激，造成大脑皮层的优势兴奋中心，加深印象。而对于那些非重点的知识，或学生自学也能理解的知识则可轻描淡写，一带而过。有时讲到教学内容的精彩之处，则带一种一气呵成的语势，它像飞瀑激流，气吞长虹，用较急促的语言表达，显得有如战鼓频频，动人心魄。都是要巧妙地运用语调，如愉快时，语调舒畅、明白、轻松，可以急风暴雨，排空而过；深沉时，可以春风入夜，“润物细无声”；愤怒时，则应语沉字重，铿锵有力，掷地有声，愤慨之情溢于言表；悲壮时，则应低沉厚重，惋惜之情油然可见。教师的表情达意之声，虽然艺术之功，却无人工雕琢之痕；虽有生动活泼之长，却无轻狂飘浮之短，一切都是做到恰到好处。

教师应学会正确使用语调，前苏联教育家马卡连柯说：“只有在学会15种至20种声调来说‘到这里来！’的时候，只有学会在脸色、姿态和声音的运用上能做出20种风格的韵调的时候，我才能变成一个真正有技巧的人。”

教师有几种语调、“体势语言”会破坏和谐性，应注意避免：声音过高，使学生震耳欲聋，心烦意乱；声音过低，使学生听讲费力，因疲劳而走神；讲话速度过快，如同机枪连发，使学生应接不暇，毫无思考的余地；讲话速度过慢，如挤牙膏，断断续续，会使学生急不可待，降低单位时间内的信息密度，影响教学任务的完成；讲话语速杂乱无章，无缘无故忽快忽慢，也会使学生理解的相当吃力；语调高低抑扬过度悬殊，起伏太大，造成课堂教学用语矫揉造作；教师过多地走动，手势挥动过于频繁，幅度过大，也会分散学生的注意力，等等。

第十一节　教学语言的艺术性操作

人们常说，教学也是一门艺术，教师就是艺术家。这主要指的是富有艺术情趣和魅力的教学语言。教学语言的艺术综合性极强，缺乏艺术性的教学语言是没有生命力的。教师应根据不同的教学目的、内容、对象、方式及场合气氛，在合乎规范性、科学性的前提下尽量使自己的教学语言艺术化，提高表现力和感染力。教学语言的艺术性具体表现在以下几个方面：

教师教学语言首先必须具备生动性。它首先要求教师的教学语言必须简练精辟，富有哲理，思想性、知识性蕴含量大。学生课堂上的每一分钟都是神圣而宝贵的，教师要力戒任何一句絮絮叨叨的废话浪费学生的课堂时间。教学中，教师要“挤掉”语言中的“水分”，尽可能做到语言精辟凝练，并赋予深刻的思想内容和知识含量。同时，教师还要尽可能运用饱含思想内容和知识内容的诗歌格言、名人警句，代替冗长平淡，白开水般的语句。一句富有哲理的精辟格言，不仅生动活泼，而且更能激发学生的学习热情，令他们永志难忘。

我国古人说道：“真言也，约而达，微而藏，罕譬而喻。”教师的教学语言要达到“约”、“微”、“罕”的境地，就必须对语言千锤百炼，具有“沙里淘金”的功夫。

此外，教学语言的生动性，还要求教师的课堂语言生动形象，趣味横生。教学过程本身就是一种创造教育的过程。教师要将教材中抽象的数理语言、陌生的情节内容，变成风趣生动的教学语言，让学生在轻松活泼的气氛中受到启发和教育。为此，教师在教学中可以适时穿插古今中外人物典故史料和相关学科知识，也可以充分运用排比、拟人、比喻等修辞方法，发挥形象思维和逻辑的力量，使教学语言生动形象、富有勃勃生动。教师教学语言的生动性，还包括教师教学中体态语言的正确使用。

有关资料研究表明，人的感觉印象的77％来自于眼睛，14％来自于耳朵，9％来自于其他感官，即是说，人们彼此间用语言传播、交流信息，语言绝不是说话的全部。无论是信息的传播者还是接受者，都得不同程度地借助于双方的表情、姿势、动作等无声的语言。教师教学实践也证明，在教育、教学过程中，适时地借用一个手势、一种表情、一个惟妙惟肖的动作模仿，都将对教学效果起到奇迹般的渲染、强化，对教学语言的生动性起到意想不到的调节和催化作用。

其次是形象。讲解叙述要形象。学生接受各科知识总是始于具体的形象，由感性认识到理性认识过渡的。如果在教学时，尽量使用各种方法让语言生动、形象化，拟人状物，有声有色，背景逼真、细腻动人，就能化“闻”为见，产生“视觉效应”，强化认识。

再次是幽默风趣。“富有幽默感”现在已经列入好教师的重要素质之一。幽默是指判明喜剧性的特征和现象的一种能力，在教学语言中，往往通过修辞手段的运用来获得。幽默性的语言是思想、学识、智慧和灵感在语言运用中的结晶，具有极高的精神愉悦感，是“智慧的微笑”，是“一种人情味、亲切感”。利用幽默风趣的语言进行教学，对打破课堂沉闷局面，缩短师生情感距离，调节学生学习情绪，开启学生智力，增加教学主动性和亲切性等方面都起着十分微妙的作用。最后，艺术性的教学语言还要具有撩拨力和刺激力。平铺直叙、单调沉闷的教学语言简直是浪费时间。教师追求的教学语言应该是引火线、冲击波、兴奋剂、催化剂，要有撩人心智，激人思维的功效。就生理方面来说，首先要根据“协同律”，尽量刺激多种感官协同参与认识活动，加深教学第一印象。听觉上，依“强度律”，声音过大易使人疲惫反感，过小则费劲，过快跟不上，过慢易开小差；依“差异律”，则要讲究轻重缓急、抑扬顿挫，注意调节运用语法、逻辑、心理等重音。视觉上，要有效地借助表情、身态、手势及其他一切具有视觉形象的手段、增强语言的“可视性”，刺激视觉感官和大脑皮层，强化语言的“视觉效应”，以加深对问题的理解和印象，提高记忆效率。这些非语言的视觉符号，常常能收到“此时无声胜有声”的交际效果，而将它与语言信号合理、巧妙地结合一体，则能更高地传递信息、表情达意。

心理学家研究出来的一则公式表明了面部表情的重要性：感情表达＝7％的言词＋38％的声调＋55％的面部表情；课堂用眼法有环视法、点视法、虚视法、余光法等；手势具有描绘、暗示、指示、象征等作用；不同的姿态也显示出各种含义。还有板书、直观教具，这些教师补益于教学语言的视觉手段，教师应不断总结这方面的经验。

从心理方面来说，语言是信号的信号（即第二信号系统），是事物的符号，和具体的事物密切地联系着。人类正是因为有了语言，才产生和发展智慧。语言作为媒介物把客观世界和人的智力直接地联系起来，使人的认识由直觉（第一信号）上升到抽象（第二信号），从而驾驭事物的本质和规律。学习就是借助语言进行记忆、抽象思维、创造想象（通过两信号系统的交互作用实现的），唤起情感，并通过语言获得知识和经验。因此，教师的教学语言应具有丰富的词汇、新颖的组合及新奇的联想，且宜常教常新，富于变换，不断加深难度，展示新的未知领域，转换兴奋中心。这样，才能刺激学生探求知识的强烈欲望，不断产生和获得精神上的快感而保持旺盛的精力和无穷的力量，达到唤起情感、加深对知识的理解和掌握，以及开发智力的目的。如果教学语言单调贫乏、平淡死板，千课一腔，模式化，对大脑皮层将失去刺激作用，学生很快就会形成一种惯性反射，产生保持性抑制，引起疲劳感，进而昏昏欲睡。

第五章　教学语言的技巧

语言是人类交际的工具，教学语言是教师教书育人的载体，是教育行业的专门用语。教学语言美，既是对学生进行智育和德育的需要，更是实施美育所必须。优美的教学语言，是对学生进行审美教育的重要内容、基本途径和手段。

第一节 教学语言的力效应

教师教学主要是利用语言来影响或改变学生的心理和行为，向学生传授知识及开发学生智力，培养学生的能力。如果教学语言缺乏力量，就不能有效地达到这些目的。教师职业本身使教学语言具备了一定的效应基础。通常，学生们甚至连父母的话都不听，却愿听老师的话，就是这个道理。因此，教师要格外珍惜这种教学语言的威信力量。在学生面前，注意自己的一言一行，不断提高和增强教学语言的力效，使教育教学工作更顺利地取得进展。一般说，影响教学语言效应有如下五个因素：

一、知识因素

一个教师只有知识丰富、广博，才能不断满足学生的求知欲望，其教学语言才有充足的力量和发挥它应有的力效。因为获得知识是学生有赖于教师的一个重要方面，只有通过教师的教学使学生确信其讲授和指示的内容是真实的、正确的，学生才会产生掌握知识和执行指示的主动性和信赖感。学生面对展现在他眼前的知识的汪洋大海和神秘莫测的未知世界，充满着新奇感和探求的强烈欲望，这时，教师的作用显得特别突出。在学生看来，只有教师能给他以有力的帮助和指导。因此，教师要以严谨治学的态度，不断积累、丰富自己的知识，紧跟时代，更换旧知识，探求新知识，灵活调整知识结构，以最大限度地满足学生的求知欲及精神需要。

二、能力因素

影响教学语言力效的能力因素包括教师对问题的透彻分析、准确判断，既能精当地解疑答难，又能有破有立，预见创新，还表现为对教学工作各方面的得心应手，语言运用得自如娴熟等。一个教师的能力和才气体现于具体的教育教学工作中，能力越强，才能展露得越充分，学生的敬佩感就越强，其语言就越有震慑力。所以，教师欲提高教学语言的力效，首先就要在工作中努力培养和增强自己的各项能力。

三、品格因素

在学生心目中，教师是崇高、神圣的，教师的言行举止无时无刻不对学生起耳濡目染、潜移默化的作用。这种作用往往是最不可抗拒的作用，所谓“身教重于言教”是也。教师首先要在品格上给学生做出表率，然后才谈得上语言的力量。一个爱国爱民、忠诚事业、工作认真、责任感强、大公无私、正直公道、言行一致、以身作则、作风正派、仪表整洁大方、有良好生活习惯和道德修养、行为规范、全心全意为学生服务的教师，其语言的感召力、教育力、动员力、说服力、激发力等自然就会越来越强。否则，任凭你的“嘴上功夫”如何高强都将使你业已取得的教育成果毁于一旦。

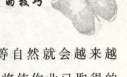

四、资历因素

学生习惯地对那些学历高、教龄长、阅历深、教学经验丰富、教学成果显著、有所发明创造及发表过研究成果或作品的教师，首先产生一种先入为主的敬重感，这些因素也客观地反映着教师的知识、素质、能力。这些东西都是能够明显地被学生看得见、感觉到的，它们将强化教学语言的力效。

五、情感因素

教师与学生的关系应是情感相通、亲密无间、心理相容的朋友型关系。苏霍姆林斯基说：“学校里的学习不是毫无热情地把知识从一个头脑装到另一个头脑里。而是师生之间每时每刻都在进行心灵的接触。”感人心者，莫先乎情。教师担负着教书育人的重任，其情感对学生有着直接的感染作用。教师教学时应充分注意控制和调整自己的情和情绪，使之保持在能充分发挥教学语言功能的最佳状态。教师应主动与学生沟通情，达到心理相容的境界，这样，学生的亲切感就越强，教师的语言也就越有力效。

为了与不同气质和个性的学生接近，教师应认清自己的性格气质，注意心理锻炼和修养，扬长避短，增强适应性。还应该注意培养和发展个性和兴趣，以便与兴趣不同的学生有共同语言。

以上几种因素不是单独地决定教学语言的效应，而是综合地影响着整个教学语言的效应。教学语言的强大力量是自然形成于教师的德行知能诸方面的，靠的是以德服人。教师要扬长避短，追求上进，在思想品德和业务能力方面以德才兼备的高标准严格要求自己。如果想以单纯地提高语言艺术来求得教学语言的效应，只是舍本求末的下策，也是不可能的。

第二节 言语暗示的方法和原则

一、言语暗示的意义和作用

言语暗示就是教师有目的、有针对性地对某个问题用含蓄、间接的语言给学生引导、启示，以便帮助他们理解和掌握知识。它符合学生的自尊需要与独立意愿的心理特点，能充分发挥学生的心理潜力，提高学习效率。恰当地运用暗示于教学，如同为学生架起了一座通往知识彼岸的桥梁，能够坚定学生的学习意志，促进学生对知识的理解和掌握，能够激发学生探求知识的兴趣。

二、言语暗示的分类

言语暗示一般可分为直接性暗示和间接性暗示。所谓直接性暗示就是教师直截了当地对问题本身给予启示。如教师对于“0为什么没有倒数”这个问题可以给学生暗示“什么叫倒数”，使学生通过对倒数的概念的回忆去回答问题；所谓间接性暗示就是教师不对问题直接给予启示，而是从问题的侧面或反面去启发学生。如教师对个别学生不注意听讲，而有意表扬认真听讲的学生，而达到教育目的。

三、言语暗示的原则

第一，针对性原则。是指针对不同层次的学生及学习内容采取不同的暗示形式。这里要求教师能较好地控制和掌握暗示的方向与内容，以便能充分发挥学生的智慧潜力，使学生的思维朝着正迁移运动。

第一，准确性原则。这里主要指教师暗示的言语表达要准确、清楚，要易于学生理解接受。只有通俗易懂或学生有较为牢固的经验的暗示内容才能起到应有的暗示作用。

第三，逼近性原则。指教师的暗示提问是逐步逼近所要学生回答的问题的，而不是一下子就到了极点，这样有利于学生思考问题。如果还不能使学生过渡到所要回答的问题，就可再一次逼近，直到能得到学生圆满回答为止。

第四，启发性原则。指教师的暗示要富有启发性，要千方百计给学生创造再造想象的条件去唤起记忆或帮助他们理解和掌握知识。

第五，愉悦性原则。暗示应该是在愉快而轻松和谐中进行。强制性的提问容易引起学生的不愉快情绪，心理紧张，甚至产生对抗行为，当然效果就差。

第六，趣味性原则。学生对于有趣的问题容易产生兴趣，这样有利于学生在愉快的心态下获得知识。教师的暗示应尽量去寻求更能引起学生兴趣的“中间问题”以便更加顺利地过渡到原则。

四、暗示中应注意的几个问题

1. 暗示必须使用适当（指暗示的时间、方式、内容等恰到好处），不能滥用，否则就会适得其反；

2. 暗示的方向性一定要明确，教师应始终把握住学生的思维方向；

3. 暗示不能搞成教师包办回答或自问自答；

4. 暗示必须注意语气和语调，使学生从中得到启迪。

第三节 教学幽默语言的运用技巧

一、教学幽默 语言的形式

教学幽默语言在教学过程的表现是多种多样的，按照其表达方式来分，有以下几种形式：

一是语言幽默：

①口头语言幽默。②书面语言幽默。

二是体语幽默。

三是辅助幽默。指教学辅助手段的幽默因素。

四是整体幽默。即幽默成为一个教师教学中经常出现的较稳定的手段，并进而形成自己一贯的以幽默为基调的教学特点，即可称为整体幽默教学风格。

教学幽默可以是一个机敏的眼神、一个恰到好处的手势、一句风趣的话语。结构复杂一些的教学幽默包括制造悬念、有意渲染、出现反转、产生突变四个步骤。悬念，即通过对某些情节的交代描述，从而唤起学生的好奇心，打破课堂上的平板氛围，布下迷阵，意在把学生的注意力聚集于己；渲染，即教师运用夸张、比喻等对悬念意象进行加工，有意使悬念更加“耸人听闻”，还可通过各种说明方法，使学生的思维在常规状态下积极运行；反转，在渲染铺垫到一定火候时，话锋一转，语惊四座，妙语道出出人意料的结果。教师常常利用双关、反语、借喻等语言技巧，打断学生的常规预想，启动想象，使学生对问题的思想产生飞跃，以戳破假象，代解悬念，产生突变；突变，是反转后的效果，是紧张化为和缓，笑声伴着顿悟。这是走出思维迷津，获得思维成功后的欢欣，好奇心与相伴而来的求知欲得到满足。突变在强化着学生的自信心，经过山重水复后达到了柳暗花明，学习者获得的学习效果比平时要深刻得多。教学幽默区别于日常生活中的幽默与艺术幽默就在于：教学幽默使学习者得到艺术享受的同时，更得到了知识的学习，或者说，在学习知识时得到了艺术的助推。

二、培植幽默主语言

有许多教师认为“幽默”是一种特殊“细胞”的功能，而这特殊的细胞自己生来就不具备。不错，幽默细胞确实与众不同，但这种特殊的“细胞”其实是可以人工培植的。

1. 要有意识地培养自己的幽默感

一是宽松的幽默心态的涵养非常重要。因为“就主体而言幽默主要是一种创造和表现情趣的心力，一种感受和体会可笑的心力”。

二是形成新奇的思维方式，建立“趣味思考法”。因为有趣的往往不是举动本身，而是在于人们用属于自己的、有趣的方式去看它。

2. 要善于发现、精于选用并巧于开发各种幽默源

幽默能力与幽默兴趣是呈良性循环，而幽默兴趣表现为对一切幽默源的敏感上。

一般说来，教学幽默源有以下几种：

第一，最好的幽默是自嘲。许多人都把幽默看成是单向的，是聪明人向旁人显示其机智与诙谐的一种“表演”；在课堂上，幽默似乎也一律用来对付学生的，其实不然。

早就有人指出，最好的、最高级的幽默是自嘲，是在嘲笑自己的过失、错误中，让旁人和自己一起获得某种精神上的愉悦、心理上的放松与理智上的启迪，使双方的情感得以交流，并在会心一笑中获得许多意味深长的启迪。

第二，生活中的幽默。如教师身上存在的、周围其他人身上的、社会日常生活中的“趣闻轶事”、俏皮话等，对于这些“活”的幽默源，教师要独具慧眼，善于发现。

第三，艺术中的幽默。各种幽默艺术作品，诸如笑话、幽默漫画、喜剧、相声、名言警句、歇后语、绕口令、打油诗、滑稽曲、谜语、文字游戏等，无不妙趣横生，有时顺手拈来，便可获得良好的幽默效果。

第四，教材中的幽默。这是教学幽默的“富矿”所在，教师应注意研究教材，从中发现幽默的素材。因为教学内容的幽默因素最容易引起学生的直接兴趣。在充分发现各种幽默源的同时，还应精于选用幽默素材以用于教学，因为特别是生活中的幽默是菁芜并存的，所以在运用时须加以筛选。

另外，还应学会加工幽默、改造幽默和创造幽默，开发出新的幽默源，因为教学幽默可以是精心设计的，只是不应露出斧凿痕迹。这样就要求教师在培养自己具备发现幽默的“眼光”、品

尝幽默的“味蕾”的同时，还应该注意丰富自己创造幽默的“细胞”。

三、把握教学幽默语言技巧

第一，弄清教学幽默的形成结构与引笑机制。这对教师幽默能力的提高有好的影响。如引起悬念宜引人入胜，铺垫渲染宜隐而又伏，反复突出转宜要言不烦，而任何贫嘴滑舌、画蛇添足都无助于教学幽默表达效果的提高，只能适得其反。

第二，掌握一定的幽默语言修辞技巧。在教学中幽默的主要手段是教师的语言本身。语言的新奇生动、形象可感、诙谐风趣、含蓄夸张等均是教学幽默的精灵。语言节奏的快慢急缓、语调的抑扬顿挫、语言的粗细长短、语气的高低缓急，无不是形成幽默的要素。诸如比喻、故错、夸张、殊比、婉曲、顶真、反语、双关、飞白、曲解、歇后语、小辙儿等等，都可有助于教学表达的幽默诙谐。

第三，把握好教学幽默的最佳时机。古人是很重视“笑候”的，因为它是引笑机制是否奏效的关键。只有在铺垫和渲染得充分时，再抖出包袱，才可优化教学幽默的效果。这样，讲述幽默的速度、音调、时间控制就至关重要。

第四，幽默的自然流露也很重要。因为笑是不能强迫的，所以教学幽默不应矫饰、矜持、做作、卖弄，而应内向、蕴藉、深沉，正像清朝戏曲家李渔所说：“我本无心说笑话，谁知笑话逼人来”者即是。这种机智表现为，好像一切都是漫不经心，不假思索，脱口而出的。或者说正确的方法和纯熟的技巧是“板着脸说笑话”。一本正经地“请君入瓮”是发挥幽默力量的最好途径。

注意度的限制，不要过分。教学幽默要服从教学活动的需要，也就是说教学幽默的“剂量”要适当。另外，其他如教学对象的个性、性别、经历和文化程度等也应引起注意。

（4）注意培养学生的幽默感和幽默能力

法国的柏格森在其《笑——论滑稽的意义》一书中说：“笑，需要一种回声。”也就是幽默的艺术效果是与听、说双方共同参与创造的。这就要求教师在提高自身幽默修养的同时，也要注意培养学生的幽默感和幽默能力。

第四节 教学语言的发声技巧

清晰的语言养成学生清晰的思维。清者，洁也。课堂教学要语音清晰，首先要讲授内容精当。

这里强调指出，讲授语音清晰和那些“逐字逐句”、“粒粒数来”、“正儿八经”、严正一律的语调弊病有严格区别。写文章有逗、句号，停顿的时间逗号短一些，句号长一些，这种停顿，叫做句法上的停顿。讲话当然不可能像写文章那样有充裕的时间去推敲，但讲话也须讲求点儿句法。

一、教学语言的发声要点

1. 首先要注意句中的停顿

如“他的诗歌颂了自然与和平”，“诗歌颂”有两解：一是“诗——歌颂”，二是“诗歌——颂”。这就要求教师认真分析具体语境，讲话的时候，要分清词界，注意节拍。

2. 要注意句子中某些读音的重轻

讲话，没有轻重原则无以传神。如：我们期待全方位的开放；那一天，北风呼呼地吹；改革的浪潮，将僵化的观念冲击得落花流水。

上述加点词语，分别在句子中充当定语、状语、补语，它们都是服务于“主干”的“枝叶”，强调了它们，句子所支撑的“感情树”便“摇曳”多姿。

3．要注意讲话的顿歇

画留空白、课留“思地”。高明的画家，在画面上留下耐人寻味的空白；出色的乐师把听众引入“无声胜有声”的境界；有经验的教师教课时恰到好处地停顿，往往给学生留下充分思考的余地。

有的新教师初次授课，语音节奏太慢，咬字不清，声音微弱，严重影响教学效果。有的老教师发声不得法，讲完课后筋疲力尽，这样久而久之，声带劳损，声音嘶哑，就会造成发声器病变。讲课节奏太快，是新教师易犯的通病。主要原因是精神紧张，讲课过程中没有和学生发生感情“交流”，形成“我讲我的，你听清听不清我不管”。这样，就失去了讲课的目的。克服的办法，是培养教师的自控能力，增强自信心。在讲课时，教师眼睛要敢于直看学生，从学生的表情上检查讲授效果，根据讲授内容的难易程度和重点、非重点的关系，联系学生的接受情况，正确运用轻、重、缓、急，逐步出经验，形成最佳的语言节奏。咬字不清，讲话囫囵吞枣，或有字头无字尾，或者有字尾无字头（声音洪亮母或者韵母残缺），这主要是由于发声器过分松弛的缘故，克服的办法是经常进行朗读练习，选取精彩的文章段落，放慢速度逐字逐句朗读，有意识地注意字音的完整。也可以像曲艺演员那样，选几段绕口令，锻炼唇、齿、舌的活动功能，久而久之便能达到“字正腔圆”的效果。

二、教学语言的发声技巧

发声的基础是气息。吸气是发声的准备，讲课时要求教师吸气多一些，吸得深一些。戏曲演员“气入丹田”，就是在感觉上把气吸到小腹部。气息准备的量多了，就可以避免因气息不足而加重声带的负担。怎样才知道气息的深浅呢？这就要看呼吸了。呼吸是发声过程，气息通过喉部声带的震动形成声音，再经过口腔和鼻腔协调合作产生“共鸣”，最后通过舌、齿、唇的协调动作发出各种声音。在感觉上，正确的发声总是感到小腹在用力，这表明气吸得深。气吸得深声带就不易疲劳，如果讲谈时感到胸部劳累，那就表明气吸得浅。气吸得浅，声带就容易疲劳这和歌唱演员唱歌的情况是相类似的。

要使声音集中、圆润、动听，先有正确的呼吸也不够，还必须正确使用“共鸣腔”——胸腔、口腔、头腔、鼻腔。圆润动听的声音是以上共鸣腔联合调节的，偏重用胸腔，声音低；偏重用头腔，声音飘浮；偏重用鼻腔，声音晦涩；只用口腔，声音干燥。所以共鸣要协调合作。大声讲要求胸部放松端正，口腔张圆，使声音达到口腔上部的中间，鼻孔微微张开，感觉声音集中于一个点上。只有这样，发出的声音才能动听、响亮、传得远。舌、齿、唇是形成字音的最后调节器官，灵活的舌、齿、唇可以把字咬得完整、清晰、准确。讲课时要有意识地放大它们的使用幅度，以形成完美、动听、响亮的声音。

第五节　教学语言的音调控制技巧

优美动听的声音必须讲究声调的调节。这就要求教师做到：首先，音量、音速要高低相同、错落有致，一般以全班学生都能清晰入耳为准；其次，要选择“变换型”语调。虽然教师讲课的语调千差万别，但可归纳为高亢、抑制、平缓、变换型四种。据研究，变换型语调对学生学习效果最好，它可根据教学内容使语调千变万化，有起伏、有波澜；再次，声调要亲切、貌和、富有音韵感。

课堂教学语调控制除了要求教师讲话的音量强度适当、语音清晰外，还要求教师在教学流动过程中，语调要亲切自然。有经验的教师能懂得最佳的教学效果，学生机智之闪烁，出人意料的教学创造，都来自教师和学生双方高度的融洽。

从心理学观点看，亲切自然的语调，能给人一种悦耳、轻松的愉悦感，能唤起学生积极的情绪，激发他们浓厚的兴趣，促使他们精神振作，注意力集中，产生强烈的求知欲望，并积极有效地进行思维。

目前课堂教学，语调弊病又表现是“命令调”、“报告调”。居高临下，哼哼啊啊，拉腔拉调，一副冷面孔，一口“首长”腔，语气生硬，语调冷涩。

语调如何，固然有教师本身的音质问题，即音色问题。音色，即发音的特色。声音是感情的使者，课堂教学中发出“感情”的音色，不夸大地讲，这需要有高度的责任感和事业心，对学生充满“爱”。

我国著名教育家夏丏尊说“没有爱就没有教育”，这是教学活动贯穿始终的灵魂。缺乏对学生的“爱”情、“亲”情，音色难免装腔作势、拿腔拿调、官调十足，令人生厌，使人木然而无动于衷。只有语调融注感情，以神主声，以情主调，才能使人感到亲切自然。学生在感情融通和悦的语流信息反复作用下，随之情迁意动，思维纷扬。

于漪老师说：“语言不是蜜，但可以粘东西，教师语言要锤炼、准确、生动、流畅、优美，像磁场一样，牢牢吸引学生的注意力。但最主要的是用自己的‘心’去教，目中有学生，心中有学生，把对事业的满腔热情倾注到学生身上，就有巨大的驱动力。”正因为她对学生倾注“满腔热情满腔爱”，课堂教学中，她那声情并茂，扣人心扉，凝练而亲切的语词，怎能不激起学生的三腔共鸣。这“声感”激“情感”，“声感”“情感”融为一体，学生思维的兴奋被高度激发，心理活动指向一下子集中在教师指导下的阅读教学中。这样能使学生在阅读过程中，不断向自己发出“写什么”“学什么”“怎么学”的深入探究问题的思维信息，激发深入探求知识的欲望。这里需要说明的是，语调亲切自然和故作亲昵、令人作呕的音色不可同列而语。

教师在教学过程中，亲切自然的语调使学生体验到快乐、惊奇、赞叹等积极感情，以增强大脑的工作效率，治疗脑细胞的萎缩、惰性，产生有一种“乐学”的课堂氛围。但这既不等于降低对学生严格要求，也不意味着教师无原则去追求与学生积极性的调动毫无联系的、不庄重的“油滑”“轻薄”。

第六节 教学语言的音调韵律美操作

语言的音调是利用语言文字的声音以增饰语辞的情趣所形成的现象。讲求语言音调的韵律美，对于课堂教学来说，也是至关重要的。这是因为，课堂教学以有声语言作为载体，来达到知识或技能的传递的目的的，这就在客观上要求语言的发出者教师，声调必须和谐、动听、富有情趣，以刺激学生的听觉快感，使学生保持注意力的集中。要达到这个目的，教师至少要在以下三个方面做出努力：

一、要注意音趣的利用

一般来说，长音有宽裕、行缓、沉静、闲逸、广大、敬虔等情趣；短音有急促、激剧、烦扰、繁多、狭小、喜谑等情趣；清音易引起小、少、快、强、锐、明、壮等特质的联想；浊音易引起大、多、慢、弱、钝、暗、老等特质的联想。对于在什么情况下使用长音或短音、清音或音，教师必须胸中有数，不能信口道来，但又不能过分做作，使人感到呆板和滑稽可笑，可做到运用自如，“随心所欲不逾矩”。

二、要注意音调的运用

汉语的声调，既有高（平声、上声）、低（去声、入声）之别，又有平（平声）、仄（上声、去声、入声）、舒（平声、上声、去声）、促（入声）之异。高低相间，平仄相宜，舒促得当，才能显示出语言声调的韵律感。

三、要注意音量的大小与频率的高低

科学实验证明、客观外界声波音量的大小、频率的高低，对人耳的听觉功能影响极大，对于1000周/秒（赫）附近的声音，人耳的感受性最高。

课堂教学语言的音调，不能不考虑上述三个方面的影响和制约，讲求音趣的利用，声调的高低、平仄、舒缓，同时努力使声音的大小、频率的高低和学生的听觉器官接受声波刺激的最佳范围相适应，以增强授课的效果。

第七节 教学语言的速度控制技巧

教学语言是有节奏可言的，而节奏的快慢，直接影响着学生的思维活动。教师应认真把握教学的节奏感，应做到：教学语言的节奏要以感情变化为基础，离开真情实感，就没有良好的节奏；教学语言的节奏必须与教学内容本身的节奏相一致，才能表现出优美、完善的节奏，提高运用语言节奏的能力，即根据教学内容和学生在课堂上的情绪巧妙地调节自己的语言节奏。教师的教学语言，就其语言速度来说，它必须受课堂教学规律所制约。要受到学生、教学内容、教学环境、教学要求等各种因素的制约。即教师教学的语言速度要与上述各种因素相适应，才能取得良好的教学效果。

有些教师上课时说话的速度太快，发送信息的频率太高，使听课的人大脑对收取的信息处理不及，势必形成信息的脱漏、积压、导致信息传收活动的障碍甚至中止。反之，假使教学语言速度过慢，不仅浪费了许多宝贵的教学时间，而且将导致教学对象精神涣散，感官和大脑皮层细胞从兴奋转入半抑制状态，降低听课的兴致与效果。

从信息原理看，教学语言速度必须合理，必须科学。一般地讲，至少要考虑以下四方面因素：

教学对象的年龄因素

这是确定教学语言速度的重要依据。教学对象年龄小、年级低，越要相应地放慢教学语言速度；音节的时值长，语流中间停顿时间长，停顿次数多；而且避免使用过多结构复杂的句子。

教学内容的因素

这是确定教学语言合理速度的又一重要依据。即讲不同学科的课或者同一学科的不同内容，由于教材有深浅难易之分，教学语言的速度也应有快慢之别。

教学环境因素

这也是制约教学语言速度的条件之一。空间大、距离远，语言速度就要相应地放慢。另外环境安静不安静，有无噪音干扰等等，也对教学语言速度有影响。

教学要求的因素

如果教学要求教师通过描绘一件生动具体的故事，来激发学生的学习兴趣，教师讲述得可以快一些，这些能较顺利地激起学生的学习兴趣；当教师通过摆出了几件事实，最后要通过启发学生和教师共同经过思考得出一个科学结论时，教师的语言要放慢，给学生以充分的判断思考机会。当归结出科学概念、科学结论时，更要逐字逐句地吐字清晰明确，使学生既明确而又能牢固地掌握基本概念和科学原理。

总之，最根本的一点在于是否与教学对象对语言信息反馈的速度相适应。

第八节 课堂教学语言三要

“言不行，行不远”。做过几年教师的人都深有体会。教师的课堂教学语言功夫，是教师教学的生命力。

一、要有中

“中”是“正确”、“准确”、“科学”的意思。

言要有中，一是指教师的课堂教学语言，必须准确反映科学概念、定义和定理，不能出现科学错误、贻误学生；

二是指必须遵循儿童的思维和语言发展的特点和规律。教师说出的话，学生要能听得懂，要能启发学生思维，这就要求教师的课堂教学语言要形象具体，生动活泼，并能促进学生由形象思维向逻辑思维、由具体思维向抽象思维发展；

三是强调标准化和规范化。科学概念、公式、图解、单位等的表达要规范化、标准化，口头语言要符合民族语言的特点和规律等。不论哪个学科的任课教师，都要在普通话上下功夫。

二、要及义

“义”指“思想性”和“教育性”。教学的根本目的是培养学生全面发展。教师的课堂教学语言有很强的思想品德教育功能。关于这一点，过去我们重视得不够，是一个缺陷和弱点。所以，我们要加强教师的课堂教学语言的思想性和教育性。

一是要充分挖掘教学过程中的思想品德教育因素，生动有效、坚定不移、理直气壮地对学生进行共产主义的世界观和人生观、社会主义的道德观和法制观等的教育；

二是结合教材内容、结合学生的思想实际、结合形势教育等，旗帜鲜明地表明自己对思想认识问题特别是重大的政治思想问题的看法，做到爱憎分明、扬贬分明，并引导学生用辩证唯物主义和历史唯物主义的立场观点和方法去分析问题和处理问题，从而明辨是非，提高政治、思想、认识水平；

三是要讲究艺术性。对学生的教育帮助要动之以情、晓之以理、以理服人、以情感人；

四是要加强教师自身的思想品德修养。教师的一言一行、一举一动都是要能成为学生的表率和楷模。

三、要优美

美的课堂教学语言要具备以下三点：

一是文明、健康而富有哲理，耐人寻味；

二是言出由衷、真切笃实，不哗众取宠、不炫示自己，能经得起学生的揣摩，引起学生的共鸣；

三是要言简意赅、清楚明白，不拖泥带水，不颠三倒四，不吞吞吐吐、不模糊含混；四是言而有文、用词贴切、修辞精当、语句明快、声调和谐、不堆砌辞藻、不装腔作势。

第九节　教师怎样运用美的语言进行教学

教师要用美的语言向学生传授知识，这也是一项教学基本功。在教学时，运用美的语言，学生不但易于接受知识，而且易于激发他们的兴趣；反之，则会使学生产生厌烦情绪，影响学习效果。美的教学语言应具备以下几个特点：

一、亲切热情

亲切热情，就是教学中语言要有亲切感，充满感情，多鼓励；不能冷冰冰，夹松带棒。比如教师让学生回答问题，学生这时一般都比较紧张，教师应用亲切柔和的语调告诉他："不要慌，胆子大些，错了也没关系。"这样学生就不紧张了。当学生回答不准确，词不达意时，教师应肯定他的优点及正确的地方，并鼓励他说："我知道你心里明白了，可就是语言还没有组织好，请坐下再考虑一下。"对于没有回答出来的同学应很委婉地告诉他："如果你在仔细考虑一下，我相信你一定会答上来，下次我再给你一个机会，你会回答得很好的！"特别是对那些智力较差的学生更要多鼓励，绝不能使用损伤他们自尊心的污言秽语。如果他们答对了，老师应用高兴的语气给予赞扬："你能回答得这么好，真了不起!”这样就能学生感到老师亲切、可敬，也就乐于接受知识和完成作业了。

二、词准意切

词准意切是指教师在教学中运用的词语必须准确明了，不能含糊其辞，对传授的知识也不能信口开河，今天说一样，明天说一样，让学生无所适从。像讲“牺牲”这个词古今义不同时，有时同学把今义简单解释为“死”，教师向学生强调了“牺牲”的今义是指“为正义事业而献身”，而不能讲成“为革命事业而战死”，那样讲词义不准确。进而引导学生准确用词，让学生了解“死”的几个同（近）义词：年少人病死为“夭亡”，因公而死为“殉职”，有声望的人死为“逝世”。即使学术上有争论的，也应给学生讲明白，我们取哪种说法，使学生心中泾渭分明。

三、礼貌文雅

礼貌文雅的语言，不仅在社交中运用，在教学中更要运用。教师不能因为自己是教育者，就可以动辄训人。教师应尊重学生，和学生说话也要讲礼貌。像“请你读读课文”，“对不起，我听不清，请再大声复述一遍”，“这个读音我读错了，谢谢你给我纠正”。教师使用礼貌语言，学生既感到与老师之间平等，又感到老师谦虚可敬。在教学中我们还常引用一些名人诗句、格言或成语来表达自己的意思，同学们感到老师词语丰富、生动、文雅，受到熏陶，他们的语言也就礼貌文雅了。

四、生动有趣

在教学中采用生动有趣的语言能拨动学生的心弦，引起他们的求知欲。下面以《晋祠》这篇文章教学的两种不同导语来做比较：

①“今天我们学习说明文《晋祠》，这篇文章是介绍山西省太原市郊著名的晋祠的”。

②“同学们，你喜欢浏览祖国的名胜吗？噢，喜欢，那就请同学们和我一起插上想象的翅膀去遨游吧。瞧，那山环的一片古建筑坐落在太原市郊，那就是晋祠。这可是个游览胜地，它的特点是优美的自然风景和悠久的历史文物融为一体值得细细欣赏一番。”通过实践，学生对第二导语很感兴趣，这就是语言生动有趣发挥的作用。

五、富有哲理

富有哲理，能使学生在学习过程中潜移默化地受到美育、德育的熏陶。如学生考试成绩差了，就用“失败是成功之母”、“跌倒了爬起来在前进”鼓励他，有的学生不喜欢读课文，就用“读书百遍，其义自见”去开导他，有的学生回答问题有创见，就用“青出于蓝，而胜于蓝”的话去赞扬他。久而久之，学生就学会说富有哲理的话了。

第十节 教学语言行为的六种审美价值

语言是人类交际的工具，教学语言是教师教书育人的载体，是教育行业的专门用语。教学语言美，既是对学生进行智育和德育的需要，更是实施美育所必须。优美的教学语言，是对学生进行审美教育的重要内容、基本途径和手段。教学语言美包括以下几个方面：

一、科学美

教学语言的科学美，是由教学内容的科学性所决定的。学校教育的各个学科，不论自然学科还是社会学科，都属于基本科学知识范畴，是一个完整、严密的科学体系，具有很强的科学性和审美意义。这些科学知识的发明发现，是科学家辛勤探索的结晶，是他们通过美好的假设、科学的实验、严密的推理而得出的劳动果实。诸如地球引力的发现、蒸汽机的发明、马克思主义基本原理的产生……，无不具有强烈的科学性、真理性，无不闪烁着科学美的光彩和真理的光芒。教师在教各个学科知识的过程中，特别是自然学科，也常常要通过具体的实验来揭示事物的本质属性及其规律。

因此，这时的教学语言，也应和科学的发明发现过程一样，极富于科学的想象性、联想性和灵感性，成为再现和传递人类认识世界、改造世界信息的最佳媒体。这种富于科学美的教学语言，能把学生的认识和思维引向新的境界，并借以开发学生的智力，激发学生的理想，对学生进行审美教育。

教学语言的科学美，首先要求教师运用准确的概念、正确的判断，并依据思维的规律组织严密、完整的语言程序，从而使教学语言具有强烈的思辨性和逻辑性，富于说服力；其次要求教师传递的语言信息真实、具体、规范，使教学语言具有深邃的理论性和科学性，富于穿透力。教学语言的科学美，既排斥语言的含混性、虚假性，也与语言的繁复性不相容。真实、准确、精当，是科学美的精髓。

二、形象美

学校的教育内容，无论是自然科学知识，还是社会科学知识，都是客观物质的反映，具有鲜明的形象性。

所谓教学语言的形象美就是教师在教学活动中通过具体描绘、陈述这些客观事物的形象，充分显示它们的形象美。心理学研究表明，少年儿童喜欢用具体事物的形象或表象进行思维，用形式、声音、色彩和感觉进行思维。教学语言美就充分显示各个学科教学内容中蕴含的形象美。当然，形象并不等于形式，而是形式和内容的辩证统一，形式中的每一点、每一线、每一声、每一

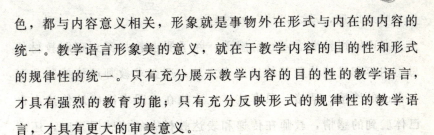

色，都与内容意义相关，形象就是事物外在形式与内在的内容的统一。教学语言形象美的意义，就在于教学内容的目的性和形式的规律性的统一。只有充分展示教学内容的目的性的教学语言，才具有强烈的教育功能；只有充分反映形式的规律性的教学语言，才具有更大的审美意义。

教学语言的形象美，是教师审美心理、审美情趣、审美理想物化的产物。它要求教师一方面对所教学科知识有深刻的理解、把握、想象和体验，以便准确、鲜明、生动地再现事物的形象；另一方面，还要求教师根据自己对教材的具体感受、想象和体验，依据形象思维的规律，选择和加工语言材料，增强语言的形象性和感染力。教学语言的形象美，既排斥语言的生硬、呆板，也与语言的枯燥、艰涩不相融，它要求强化语言的视、听效能。

三、情感美

教学语言的情感美，是由教学活动的特点所决定的。教学活动是知、情、意行协调统一的发展过程。情真意切的教学语言，不论对于培养学生的认知能力，发展学生的智力，还是激励学生的意志，提高学生的思想认识，都有重要的作用；特别是对培养学生的审美兴趣、审美理想和审美能力，更具有重要意义。

教学语言的情感，源于教师对教材的深刻理解和准确地把握。教师只有对所教学科的具体内容进行深入研究和准确把握，才能在正确地表达教材的思想内容的同时，准确恰当地传达蕴涵其中的情感因素，使学生得到感情上的体验，也就是人们常说的对学生“晓之以理，动之以情”的过程。

真正做到教学语言的情感美，除了要求教师深刻理解教材的思想内容和准确体验其情感因素之外，还要求教师严格控制和调节自己的感情、情绪。只有这样，才能在实践中准确地传达出自己体验到的感情，教师在传递和表达教材中的情感因素时，还应注意采取适当的方式。如：激情式的讲演、抒情式的描述，叙述式的直陈……

四、朴素美

教学语言的朴素美是与教师的职业性质、教学任务分不开的。教师是平凡而伟大的职业，教育是朴朴实实的工作，教学语言的朴素美是实现教书育人任务的需要。朴素，相对于华丽、新奇、特异等，是一种美，是一种难能可贵、功用非浅的美。

教学语言朴素美的主要标志是语言的口语化。教师讲课主要依靠“口语”传递知识信息，这就要从口语的特点出发，遵循口语表达的规律。

首先，要注意选用词语。一般情况下，应尽量多采用双音节或多音节词，少用单音节词。因为双音节词和多音节词比单音节词易于听清楚，效果好；

其次，要注意句式的运用。一般情况下，教学语言应避免采用“学者腔”的长句式，更不要使用洋句式，应尽量采用形体简短、修饰成分较少的短句式。因为简短的句式更适于口语表达；

第三，要注意运用口气。一般情况下，教师应尽量采取商量的口气，采取与学生谈心的方式讲话。因为这种表达口气和方式，能给人以自然、亲切的感觉，容易缩短与学生之间的距离，收到“声入心道”的功效。

总之，努力实现口语化，避免“文章化”，是实现教学语言朴素美的关键所在，教师在组织教学语言时，应摒弃那种咬文嚼字、堆砌辞藻、追求词语时髦的现象。教学语言的朴素美，不仅源于教师对教材内容的深刻理解，也与教师的思想作风、教学方法密切相关，是教法上“深入浅出”的一种体现。

五、声音美

实验语言学研究表明，人类语言的声音包括音高、音强、音长和音色四个要素。这就给我们探索教学语言的声音美提供了理论依据。

教学语言的声音美，主要包括旋律美和节奏美两个方面内容。旋律美主要指语声语调的排列组合。研究证明，优美的语声和语调的排列组合，可以展现给人们既丰富又精美的生活图景，并具有无限的可能性，演化出无限多的事物。因此在教学中，教师应根据教学内容的特点，给教学语言配以相应的语声和语调，使之有高有低，形成旋律美。节奏美主要指语音音响运动的轻重缓急。根据有关研究得知，教学语言的声音强度一般可在 65～72 分贝，速度可在每分钟讲 100～200 个字，音高方面，男教师音频为 60～200 赫兹，女教师音频为 150～300 赫兹。教师应根据不同的教学内容、教学对象和教学环境等，确定教学语言声音的强弱、快慢，使之既符合语声要素各自的“常度性”要求，又要处理好其相互间的协调性，从而使教学语言具有节奏感。

教学语言的声音美，要服从并服务于教学任务和目标的需要。一般情况下，在教学重点、难点和关键的内容时，音速要加快，音量要降低、减弱一些。

停顿和重复，在教学语言中也起着重复的调节作用。巴甫洛夫学说告诉我们，人的优势兴奋中心不是固定在大脑皮层的一定区域，而是随着刺激物的变化而转移。

因此，教学语言要随着教学内容和教学情况的需要，富于旋律感和节奏感，使之时高时低、时缓时急、抑扬顿挫，富于声音美。这样，学生的优势兴奋中心便可以随着教学语言旋律和节奏的变化得到转移或强化。

六、规范美

语言规范化既是语言政策的要求，又是语言审美的需要。教学语言的规范美，主要包括以下三个方面内容：

①用字规范，即要求使用国家颁布推行的简化字；

②语法规范，即要求遵循现代汉语语法规则；

③语音规范，即要求推广通行的普通话。其中以语音规范为重点。这是国家教委和语委对基础教育提出的一项重要规定与要求。

教师写字要规范，使用国家推行的简化汉字；讲话要规范，遵循现代汉语语法规则；用标准普通话讲话。教学语言的规范美，完善地体现了内容与形式的统一，既体现了政策性，又具有审美意义。教学语言的口语化，也是指标准普通话的口语化，而不是别的口语化。

第六章　教师课堂教学语言实例

教学语言是指教师在把知识、技能传授给学生过程中使用的语言，它是教师传递教学信息的媒体，是一种专门行业的工作用语。教学语言还是教师在教学过程中充分发挥个人的创造性，正确处理教学中各种矛盾，正确有效地把知识（信息）传递给学生，使学生与教学环境保持平衡，最大限度地调动学生学习的主动性并在一定程度上具有审美体验的语言技能活动。

教学语言在教书育人的过程中，具有极其重要和难以估量的作用。有人曾这样说："没有教学语言的新艺术，就没有新人。"从某种意义上说，它是有道理的。因为教学语言是教学的最主要手段。不管现代化教学手段如何先进，但离开教学语言，就会一筹莫展。苏霍姆林斯基说："教师高度的语言修养，在极大的程度上决定着学生在课堂上脑力劳动的效率。"提高教师的语言艺术水平是取得教育成功的先决条件，优秀的教学语言会给人莫大的愉悦感和美的享受。教学语言大致有导语，提问语，讲授语，应变语和结语。

第一节　导语

导语，常常用于一节课的起始和一个问题的开头。一节课开场白的重要性是不言而喻的。有人说上课在五秒钟之内，就要吸引学生的注意力，这是很有道理的。导入语或把新旧知识有机联系起来，或介绍有关背景材料，或撮要本课所讲内容，或渲染一种气氛，或引发一种情绪。导语的基本任务是激发学生学习的欲望和兴致，使他们对将要学的内容产生好奇感，引导他们进入预定的教学轨道，揭示本节课的教学内容等。使用导语要巧设引人入胜的开头，防止千课一“招”，平淡无奇。

一、导语的作用

成功导语的设计，无疑是解决这一问题的最佳手段。大凡有经验的教师都十分注重导语的设计。魏书生老师曾经说过：“好的导语像磁铁，一下子把学生的注意力聚拢起来，好的导语又是思想的电光石火，能给学生以启迪，催人奋进。”特级教师于漪也说过：“在课堂教学中，要培养激发学生的兴趣，首先应抓住导入课文的环节，一开课就要把学生牢牢地吸引住。课的开始好比提琴家上弦，歌唱家定调，第一个音定准了，就为演奏和歌唱奠定了基础。上课也是如此，第一锤就应敲在学生的心灵上，像磁石一样把学生牢牢地吸引住。”

确实，好的导语似优秀的演奏家拔出的第一个音符，散发出神秘的魅力，引诱着听众渐入佳境；好的导语似教师精心打造的一把金钥匙，放射出独特的光芒，带领着学生登堂入室。

1. 调集注意

人的注意力高度集中时。大脑皮层上的有关区域便形成了优势活动中心，对所注意的事物专心致志。人的注意力越集中，对周围其他干扰的抑制力越强，这时人对事物观察得最细致，理解得最深刻，记忆得最牢靠。新课的开头开得如何，对上好整节课关系极为重大，它直接影响到学生的学习兴趣、情绪、注意状态等。为此，教师如能在每节课开始前精心设计入课语，就会像磁铁一样吸引住学生，使之产生新奇感，集中注意力。

2. 激发兴趣

学习兴趣是学习活动中最直接最活跃的意向心理因素，它对于维系注意力，增强理解与记忆，激发联想和创造思维，唤起情感体验，都具有积极作用。

3. 引上正轨

导入是整个教学过程中的一个有机组成部分，它的首要作用和功能就是引导学生顺利进入下一环节的学习。它好比通往正题

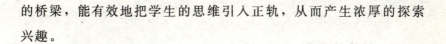

的桥梁，能有效地把学生的思维引入正轨，从而产生浓厚的探索兴趣。

4. 引入佳境

在教学的起始阶段，创造一个和谐，活泼，愉悦，热烈的情境，用语言营造优美的意境，无疑会大大提高课堂教学的效率。导入好比演奏前的定调，它直接关系到演奏的成败。

5. 启迪心灵

知识性，思想性，艺术性完美结合的导入，必然会拨动学生的心弦，调节其心志，陶冶其情操，完善其人格。

6. 给予享受

优秀的导入设计其美学价值不容忽视。教师用优美而充满激情的语言营造情境，再现形象，必然会使学生的心灵产生震动，也必然会使他们体验到审美的欢愉。

二、导语的原则

导语在教学中的作用毋庸置疑。同时应当予以注意的是，导入是艺术也是科学，它不仅要求教师具备敏锐的眼光，灵活的思维，创造的头脑，而且要求教师在设计过程中必须依据以下原则：

1. 铺垫性原则

小学所授知识是一个整体，前后教学内容都有一定的内在联系，大部分知识都是它的先行知识发展而来的。因此，在设计导入新课时，必须遵循铺垫性原则。教师要利用知识的前后联系，设计对新课有积极辅助意义的铺垫练习，在新旧知识的连接点上入新，使学生从原有认知结构自然过渡到新知学习，促进知识的正迁移。

2. 启发性原则

苏霍姆林斯基说："如果教师不想办法使学生情绪高昂和智力振奋的内心状态，就急于传授知识，那么这种知识只能使人产生冷漠的态度，而使不动感情的脑力劳动带来疲劳。"因为积极的思维活动使课堂教学成功的关键，所以教师在上课开始就运用启发性教学来激发学生的思维活动，必能有效地引起学生对新知识新内容的热烈探求。启发性的导语设计应注意给学生留下适当的想象余地，让学生能由此想到彼，由因想到果，由个别想到一般，收到启发思维的教学效果。

3. 趣味性原则

著名教育家巴班斯基认为："一堂课上之所以必须有趣味性，并非为了引起笑声或耗费精力，趣味性应该使课堂上掌握所学材料的认识活动的积极化。"充满情趣的导语能有效地激发学生的学习兴趣，调剂课堂教学的气氛和节奏，师生间往往在会心的笑声中达到默契交流。兴趣是学生学习的强大动力，是智力发展的基础，学生只有对所要学的知识产生浓厚的兴趣，才能爱学、乐学。相反，如果学生对所学的知识不感兴趣，尽管老师讲得很好，学生也是不爱学。因此，在设计导入新课时，必须遵循趣味性原则，老师要根据教学内容，充分挖掘教材中的趣味因素，创设问题情境，设计能吸引学生的问题，增强新课导入的趣味性，使学生自觉主动地投入到探究新知的学习活动中去，为顺利完成学习任务奠定良好的基础。

4. 针对性原则

新课导入必须根据学生的心理特征，紧紧围绕教学内容，针对不同年级、不同条件、不同环境、不同时间、选择不同的引入方法，且不可离题万里，故意绕圈子，追求形式上的活泼，过多的占用课堂教学时间，影响教学效果。因此，在设计导入新课时，必须遵循针对性原则，教师在“吃透两头”的基础上，设计有针对性的复习题和导语，使学生的已有认知结构和知识储备与新授课的教学目标有机结合，融为一体。比如小学一、二年级，最好多从讲点故事、寓言、做点游戏入手，如果课堂教学使用导语，教师的态度、语言和蔼可亲，所讲内容是学生喜闻乐见的日常事理，那么，学生听课一定能如入胜地而流连忘返。可见，具有针对性的导语才能满足学生的听课需要，实现课堂教学的教育性。

5. 新奇性原则

美国教育心理学家布鲁纳说："学校的最好刺激是对所学教材的兴趣"，"兴趣是最好的老师"。托尔斯泰曾说："成功的教学所需要的不是强制，而是激发学生的兴趣。"我国的大教育家孔子也说过："知之者不如好之者，好之者不如乐之者。"可见，兴趣是学生学习的主动力。一篇课文的导语一旦激起学生的兴趣，学生就会主动的跟随教师去探讨知识的奥秘。一般来说，追新求异是人们共有的心理，新奇的东西才能激发人的兴趣，因此导语设计必须新奇。学生前所未闻才感新奇，因新奇才觉有趣，深感有趣才会去学。

小学生对新奇的问题，新奇的讲解，特别感兴趣。因此，教师在新课导入时，就要不断更新方法，启迪学生思维，活跃课堂气氛，提高教学效果。

6. 创新性原则

在培养学生善于用思维的基础上，还要培养学生的创新意识、创新思维、创新能力，这就要求导语应具有创新性原则。

7. 艺术性原则

"爱美之心，人皆有之"。人们总是喜欢追求美的事物。青少年儿童学生正处于黄金时代，正值如诗年华，他们更具有强烈的爱美天性和独特的审美观，所以教师进行导语设计力求达到美感性。让优美、生动、富有诗情画意的语言给学生的美的享受，从而激起学生的审美体验，逐步提高他们的审美能力。

在追求美感性的同时，要注意情感性：从内心流淌出来的文字才是最美的甘泉。心理学的研究告诉我们，孩子的内心世界是一片汹涌起伏、激情澎湃的大海，他们渴望拥有丰富的情感体验，渴望找到强烈的情感共鸣。教材中的课文大多是极富有情感的，教师要感动学生时必须先感动自己，这样设计导语时才能融进自己的情感，用自己的情感拨动学生的心弦，从而沟通彼此的心，让学生找到情感共鸣；从而使他们的思想情感得以陶冶，文学才智得以增长。

8. 知识性原则

导语是为学生更好的学习教材服务的。因此，教师在设计导语追求新奇性与艺术性时不能忽略导语的知识性。让导语和教学新知紧密联系起来，既能使学生了解本课文的学习内容，又能明确本课文的学习目标，这样，更容易把学生的注意力引到特定的教学任务中。

三、导语的基本方法

1. 直接导入法

小学教科书中的起始内容，或者一些前后联系不十分密切的教学内容，教师可通过简捷、生动、明确的谈话或设问，开门见山地揭示课题，以引起学生的注意，使学生产生一种需要紧迫感，激发起学生的学习动机。

2. 旧知导入法

小学数学中有些新旧知识之间有着密切的联系，旧知识往往是后续知识学习的前提和基础，新知识总是在旧知基础上的延伸和发展，对这些内容，教师可从学生原有的知识结构出发，找准新旧知识的连接点，通过复习，自然过渡到新课内容，从而揭示课题，以促进知识的正迁移，使学生产生探求新知识的兴趣。

3. 设疑导入法

古人说："学起于思，思源于疑。"疑是学习的起点。有疑才有问，有思，有究，才能有所得。对一些有疑问的教学内容，教师可创设情境，精心设置新颖有吸引力的问题，在学生产生疑问时揭示课题，导入新课以唤起学生想学和探索的心向，使他们积极思维，产生好奇心，以最佳的心理状态进入对新知识的探求。

4. 故事导入法

通过生动有趣的故事，就可以把学生的注意力都集中过来，学生就积极主动地投入到新知识学习当中。

5. 情景导入法

夸美纽斯说过："兴趣是创造一个欢乐和光明的教学环境的重要途径之一，儿童在学习中产生迫切的求知欲，使他们的创造能力得到发挥，要想方设法点燃心中探求新知的火花，激发他们的创造兴趣。"创设良好的情景是激发学生兴趣的前提条件。

6. 趣味导入法

通过一些简单的小实验，小故事，小游戏或者与教学内容有关的教学悖论，逻辑趣味题导入新课，努力使学生在欢乐、愉快、乐学的气氛中学习，这对于激发他们的学习动机，调动学生的积极性会收到较好的效果。

四、导语实例

成功的导语，如同深深拉开的大幕，让学生一眼就看到精美的置景；犹如乐章的序曲，使学生一开始便受到强烈的感染；又像是打开了殿堂的大门，引导着学生竞相登堂入室。用诙谐幽默、机巧睿智的个性化语言作导语，不但能引人发笑、活跃气氛，而且更能激发学生兴趣，形成进攻型学习状态。

实例一

在引导学生欣赏古诗《清平乐·村居》一诗时先随着悠扬舒缓的音乐，欣赏几幅功力非凡的国画。李老师设计了这样的导语：

"告别了都市的高楼大厦、喧嚣与繁华，今天我们将一同去感受美好的乡间生活。"接着给学生播放课件：一组国画，加上老师委婉动听的叙述："国画是我国传统的绘画艺术，它讲究用墨的浓淡，线条的疏密，有时它还留有许多空白，给人以无限的遐想，国画上一般还题上字，盖上印章，使之成为一幅完美之作。画是一种含蓄深刻的语言，（播放课件：村居图）下面请同学们看看这幅图上画的内容。展示在学生眼前的是一幅宁静、闲适的乡村风景图，图上雅致、清新的田园生活。"一下子深深地吸引了学生。学生屏息凝视，从那专注的眼神看出他们已经沉浸在画面所描绘的情景之中。不难看出，学生已经完全进入了诗词所描写的意境。

点评：创设情境、自然导入。古诗词的教学由于作者写作时间的特殊性，在教学中，首先应根据诗词所表达的不同意境来设计不同的导语或情境，使学生很快与诗词所描绘的意境产生一种和谐的心向，这样也有助于他们展开想象，感情的升华。设计好富有感染力的教学导语，是培植审美心境的第一步。而导语的情绪色彩应和诗词的情感色彩声气暗通。

实例二

一位社会学科老师在上《规律》这一课时是这样巧提问题、启发导入的：我们学校门口有两棵生长了五百多年的，葱郁挺拔的老槐树。它是我校的象征，也是我们的骄傲！我们爱它，我们关注它的点点滴滴……秋天，老槐树的叶子渐渐飘落，大小不一的叶片满天飞舞，构成了一道亮丽的风景……叶片的大小有规律吗？假如给了你们一份一年级学生校服型号统计表，要你们为10000士兵生产军服，由于特殊原因，不可能测量每个士兵的身高。想一想，1—5号军服各应生产多少套？让我们来探究探究吧！Let′s go ……

点评：这样的导入，这样的巧设巧妙的提问启发的导入把抽象的理论形象化了，枯燥的事物诗意化了。

实例三

一位教师在上《捞铁牛》的第二课时，为了让学生通读课文，老师总结说："《捞铁牛》中的焦点对象大铁牛。它不但是文章中所有人物关注的对象，而且在课文中出现的频率也非常高。在前两段中就出现了三次，那么，在剩下的课文中，又出现多少次呢？请同学们在阅读中数一数。”

在教《将相和》第二课时的导课中，用幽默方式承上启下，借用评书演员的语调和说书方式，以黑板擦作“惊堂木”，轻轻在讲台上一敲，有模有样地导起课来：“上回书说到，蔺相如在渑池会上立了功，赵王封他为上卿，职位比廉颇高，结果怎么样？要想知道，且听下回分解。”学生在轻松中进入设定的新授内容。据后来的学生的反馈来看，效果不错。

点评：这样承上启下的导入法，既达到了要学生读课文的目的，又使学生在任务中跟上了教师的教学思路。

实例四

刘老师在讲授《草船借箭》时，设计了这样的导语：“今天我们学一篇《三国演义》中的故事，叫《草船借箭》。三国故事在我国是人人皆知的，可你们知道诸葛亮与周瑜谁的年龄大？”一石激起千层浪，但多数同学都说诸葛亮年龄大。这时，教师带着故作神秘的微笑说：“诸葛亮草船借箭时才 28 岁，而周瑜已经 34 岁了。周瑜比诸葛亮年长 6 岁。可以这样说，当周瑜在孙权帐下当帅的时候，诸葛亮还只是个农民或者说是‘待业青年’呢，不过，他可以自学成才哟。”这番开场白，说得情趣横生，诙谐幽默，不仅使大家发出了一阵由衷的欢笑，也为理解课文中的关键词“周瑜长叹一声：‘诸葛亮神机妙算，我真不如他。’”作了重要的铺垫。

点评：这种曲径通幽导课法如同相声的“包袱”，绕来绕去，最终是有重点的，即新授的内容。曲径通幽法讲求情趣与意味的结合，激发了学生的学习兴趣和求知欲望，活跃课堂气氛，对帮助学生理解课文起到了事半功倍的作用。

实例五

《风》的导语

一提到春风，我就会想起《咏柳》这首诗来，大家还记得吗？（带领学生有感情地边忆边吟，吟后接着讲。）这剪刀似的春风为大地裁出了宽松的绿袍，给树木理顺了柔美的秀发，真值得赞美。可是，破落衰败的旧北京的春风却没有这份福气，为什么呢？现在我们就来学习老舍先生写的《风》，找找原因。

《鼎湖山听泉》的导语

同学们，听，远处传来淙淙流淌的声音，摇铃击磬似的，清亮圆润。依稀我们又来到了鼎湖山，让我们跟上作者的脚步去看一看那清亮的泉水，听一听那美妙的泉声。

《海底世界》的导语

你们看过电视剧《西游记》吗？你最喜欢剧中的哪一个人物？（孙悟空）孙悟空的金箍棒是从什么地方盗来的？（龙宫）龙宫在什么地方？（海底）你觉得龙宫是个怎样的地方？（漂亮、神秘……）你想不想去龙宫游览一番呢？（学生兴奋地说，想）现在就由老师导游，带你们去海底世界——那龙宫的所在地游览一番，领略一下海底的风光，同时看看海底到底有没有龙宫。

《林海》的导语

“《林海》是一篇语言隽永的散文。老舍先生以清新活泼的笔触，描写了充满艺术魅力的画面。现在，我们共同欣赏课文，看看作家是怎样饱含深情，使大兴安岭茫茫林海跃然于纸上的。”

《鸟的天堂》导语

上课前，先在黑板上写了一个“林”字，然后问学生：“知道这个字念什么吗?”学生异口同声地说：“林。”“噢，大家都认识，可你们知道它的意思吗?”“很多树生长在一起，就成了林。”“不错，要很多树在一起，才可称之为林，也就是独木不成林，但是今天我们将随着巴金老先生一起，碧波荡舟，去观赏一处独木成林的奇特景观。好，我们启程吧!”

《向往奥运》导语

2001 年 7 月 13 日，是一个值得纪念的日子，让我们再一次回顾那激动人心的时刻！（播放天安门广场欢庆的场面）请同学们说一说你当时的心情。（指名说）是啊，多少年的追求，多少年的渴望，今天终于实现了。我们的心为之所感；情为之所动；血为之沸腾。现在就让我们一同体会一下一名曾亲临奥运赛场，采访过奥运明星的体育记者向往奥运的这种感受。

《人民英雄永垂不朽》导语

“每个同学的图画书里都有这样一幅画——人民英雄纪念碑。当你们看到这幅画的时候，曾经想到过什么呢？我在一个阳光洒满天安门广场的上午，瞻仰过人民英雄纪念碑。啊！巍峨啊，它有十层楼那么高，看到它，先烈们的高大形象如在眼前；坚硬啊，花岗石，汉白玉那样庄严，那样雄伟，象征着革命先烈意志如钢。站在纪念碑前，忆中国革命所经历的艰苦岁月，看现在的幸福生活，崇敬之情油然而生。我深感一定要继承先烈的遗志，在新长征中勇往直前。现在让我们随着作者的活动顺序和碑的方位顺序，认识和瞻仰人民英雄纪念碑，接受革命传统的教育。”这段导语描摹出了人民英雄纪念碑的巍峨和质地坚硬，让学生在学习课文以前就有了大体的概念，而且语言极有感情，学生们的思维极易跟着老师走，学生们的情感极易激发。

《展示华夏文化魅力》导语

“同学们，请仔细看这个课题，把它当成一句话思考缺乏什么？——从语法角度来考虑”。学生会知道缺乏主语，之后让学生思考：什么才能展示华夏文化的魅力？学生各抒己见后引入：“今天我们共同学习余玮的《展示华夏文化魅力》看看到底是什么展示了华夏文化魅力，为什么这样评价？”

《伟大的友谊》导语

“为什么把恩格斯和马克思的友谊称为伟大的友谊呢？”的确，这样一问，点出了课题重点，使学生面面相觑，教师抓住时机：“大家学习了这篇课文，谜底自然就解开了。”十分自然地让学生带着问题读课文，有的放矢，集中了学生的注意力。

实例六

《对称图形》导语

利用多媒体课件创设了一个优美的童话情景。一只蝴蝶和一只蜻蜓在森林中相遇了。蜻蜓问：“你到哪儿去呀？”蝴蝶说：

"我要到图形王国作客。我们一起去吧!"一路上它们看到了正方形、长方形、园、树叶等,蝴蝶神秘地对蜻蜓说:"你知道吗?我和你属于一家的。我们刚刚看到的这些图形,物体还和我们属于一大家子呢!"同学们在这段导语的激发下,感到十分好奇疑惑,从而带着积极的状态进入新课的学习。

《分数大小的比较》导语

老师讲故事:"唐僧因为猪八戒帮自己去西天取经有功,就赏给猪八戒一个大西瓜,猪八戒拿到大西瓜一想又犯了困难,他想第一次多吃些,第二次少吃些,而西瓜只能平均分成3份,他不知道1/3多还是2/3多,于是哭起鼻子来,同学们你能帮他的忙吗?"

第二节　提问语

一、提问的方法

提问语是教师以发问的形式开发学生的智力，唤起学生进行思维活动而使用的语言。提问是一种教学手段，它在教学中有很重要的作用。提问是深入的阶梯，是触发的引言，是觉悟的契机。提问效果的好坏，往往成为一堂课成败的关键。

（一）精心设计问题，联系学生实际启发

孔子说："学而不思则罔，思而不学则殆。"合理的课堂提问正是"学"与"思"的最佳结合点，教师应利用课堂提问这一有效手段巧妙地打开学生的头脑。张老先生曾说过："什么叫启发式？……我说，启，是启脑袋；发，是发动他的思维活动，并不一定他说话。"教师应根据教学目的，联系学生实际和教材实际，精心设计课堂提问，难度要适中，所提问题要符合学生的知识水平和接受能力，能让学生"跳一跳，摘果子"。也就是说，问题提出后，不是让学生随口而出，而必须经过思考后才能回答。教师还应设计富有启发性的问题，激发学生的学习兴趣，扬起他们思维的风帆，培养他们分析问题和解决问题的能力。只有这样的

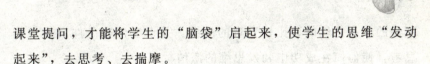

课堂提问，才能将学生的“脑袋”启起来，使学生的思维“发动起来”，去思考、去揣摩。

（二）课堂提问应注重方法指导

21世纪联合国教科文组织明确指出：“21世纪的文盲不再是不识字的人，而是不会学习的人。”因而，我们教师不应只注重对学生知识的传授，更应从方法上加以指导。

可以从词语入手进行提问，随着年级的升高，不断提高要求（如抓住重点词语体悟文章情感），最终使学生能围绕重点深入提问讨论。以此形成序列，在潜移默化中，学生的思维能力得到了发展。也只有这样，学生的语文综合能力才会水涨船高。

（三）提问要具有普遍性

教师在课堂提问时要做到：

1. 全体性

即提问应面向全体。新课标中指出：“要注意学生个体的差异，满足不同程度学生对语文学习的需求，开发他们学习的潜能，发展个性。”这就要求我们在课堂提问时应面向全体学生。提问是为了启发学生的思维，应是让每一个学生都得到充分地、最大限度的发展。学生基础不同，理解能力不同，思维方式不同，这些都要求教师设计问题时应充分考虑，让水平高的学生回答难度大些的问题，让水平低的同学回答难度小些的问题。即使同一问题，让不同学生回答，认识有深有浅，分析不同，可集思广益。这样，每一个学生均有回答问题的机会，思维不断拓展。

例如，对优等生提问时要提有一定难度的问题，如理解性的、发散性的、综合性的问题，激励其钻研；对中等生提问时则以一般性问题为主，以帮助他们掌握、巩固知识，提高学趣，培养良好的思维情绪；而对后进生提问宜问一些浅显的问题，如简单判断性的、叙述性的、比较直观的问题，并设法创造条件启发他们思考，使他们在成功中勃发思维的激情。

2．提问应双向互动

新课标指出：“口语交际能力的培养要在双向互动的语言实践中进行。”我认为课堂提问也应双向交流，甚至多向交流。在课堂教学中，有教师提问，有学生质疑，师生互问，共同研讨，达到理解掌握；也可师生互动、生生互动（即师生间互问、学生间互问），从而形成双向、多向的课堂提问交流模式，才会有利于课堂教学质量的提高。这种互动中的提问既让学生主动学习，又体现了学生的主体地位。

3．提问应有充足的思考时间

新课标中指出：“提倡在学生读书思考的基础上，通过教师的指点，围绕重点展开讨论和交流，鼓励学生发表独立见解。让学生在阅读实践中逐步学会独立思考，学会读书。”这就是说应给学生学习的时机，有思维的过程。上课中一提问题就让学生发言，不给学生充分思考的时间，只要说出正确答案，教师便心满意足的简单课堂教学，学生能力的培养势必是“雾里看花，水中望月”。因为，课堂提问不是学习的目标，得到正确的答案也不是我们教学的目的，而要让学生说出思维过程。正如音乐中的“休止符”一样的短暂停顿，给了学生思维的时间，保证学生思维的转换和思维过程的时间，便于大多数学生及时调整思维内容和思维情绪，进行广泛、深入地思考。只有这样，才会出现有创见的回答，发展学生的思维。也只有这样，才能改变提问中“少数学生撑场面，多数学生当陪客”的尴尬局面。

（四）提问要具有适度性

所谓适度性原则是指在设计课堂提问时应把握分寸，注意难易适当。

如果太难，只有优等生才能回答出来，那么中等生及差生将会失去学习的兴趣和积极性。但是如果问题太容易，连差生不都不用动脑筋就知道答案，那么成绩好的学生听来肯定是索然无味。因此课堂提问，要面向全体，照顾大多数。让大部分学生想一想都能回答出来。同时应注意在不同的知识环节上设置问题的难度要有差别，有些问题是给差生答的，还有些问题是给优等生答的，尽量使每个层次的学生都有机会回答问题。而对同一个知识点的提问应注意设置问题的梯度，由易到难。

因此，教师在教学时要把握课堂提问的“度”，要善于在“度”的多层次中选择最佳的切入点，这对搞好课堂教学有着十分重要的意义。

那怎样的提问才算是适度呢？有研究表明，问题的难度和坡度影响到学生对问题解答的完成程度。教育测量中“难度”的概念为提问提供了数量依据。难度 $H=1-P/W$。这里的 P 是通过人数，W 是参加测验的学生总数。难度 H 在 0 至 1 之间。但难度若为 0，全体学生都能回答，这个问题就完全没有必要提出；难度若为 1 或接近于 1，几乎没有学生能通过，也不是好问题。课堂提问的难度一般应在 0.3～0.8 之间，使大多数学生通过努力都能回答出来。

有位教育家说得好：“要把知识的果实放在让学生跳一跳才能够得着的位置。”这个比喻生动而准确地告诉我们：课堂提问既不能让学生有望而生畏之感，又不能让学生有不动脑筋就能轻易答出的懈怠。要让学生感到“三分生，七分熟，跳一跳，摘得到”。适度的提问能激发学生的好奇心、求知欲和积极的思维，促使学生通过努力取得良好的成果。只有这样，学生才能感到由衷的喜悦，从而增强学习的信心，保持对学习的兴趣。

（五）提问要具有鼓励性

鼓励，在教学中的作用毋庸置疑，它对一个学生的积极成长，有着其他方法不可替代的作用。鼓励要以爱护学生为出发点。教师们在鼓励过程中要做到一视同仁，表现出对全体学生的真切的爱，不可存在偏爱的心理和厌恶情绪。

教师们在表扬时要特别注意保护学生心灵最敏感的地方，即自尊心。就是说鼓励时一定要做到公正、合理、符合实际。夸大其词，不符合实际的表扬和评价，非但不能起到积极的群体心理效应，而且对受表扬者也不会产生积极的影响。

三、提问语的作用

1. 激发思维

提问语能起到激发学生思维的作用。问题就是矛盾，提问就是摆矛盾，它可以从对立两方面给学生以刺激，引起反射，从而促使思维向前推进，有很强的激励作用。当学生的思维还没有启动的时候，教师的提问会使他产生疑窦，从而开启思维机器去主动地寻求答案；当学生的思维积极向前推进，去攻克难点时，教师的提问会帮助他开辟新的通道，接通新的联系，产生顿悟和突破；当学生要对思考过的问题进行整理的时候，教师的提问又会使学生的思维有条理地收拢，得出圆满的结论。如果把学生的大脑比作一泓平静的池水，教师好的提问就像投入池水中的一块石子，可以激起学生思维的涟漪，探索的浪花。

2．吸引注意

提问能起到吸引注意力的提醒作用。教师讲课不能只靠维持纪律来保证注意力的集中，而应该用问号把学生的思维紧紧钳住。有经验的教师对讲课中的“放”和“收”事先都有所设计，当学生注意力分散的时候，他能用巧妙的提问把它集中起来，当学生的注意力持续地集中到某一点产生疲劳感的时候，他又能用巧妙的提问把它引开，从而使讲课疏密相间、张弛有致，以保持学生听讲的兴趣历久不衰。

3．造成悬念

提问能造成一定的悬念，问题提出来了，学生急于知道究竟，教师却并不急于回答，甚至有时还预示两种或多种答案，使学生的思维暂时处于“十字路口”的困境，直到问题解决了，学生才放下这颗心，就这样在设悬和解疑的矛盾运动中讲完了一堂课。听这样的课简直就是一种艺术享受。

4．反馈调节

讲课中的提问，还有反馈调节的作用。讲课中提出的问题，都必须给予明确的解答，有时教师自己解答，有时让学生回答。学生的回答实际上就是信息反馈，它可以当堂检验学生理解和掌握的程度，及教师提问的效果。促使教师调整、补充甚至推翻原先的课堂设计。这样在提问和解答中进行信息交流，使教学相长，取得更好的效果。

三、提问实例

实例一

思维是人脑对现实的反映。儿童的思维过程往往从惊奇开始。当惊奇感用语言的方式表现出来时，学生就开始明白，什么使他惊奇，并产生探究的心理。在小学阶段教师要保护儿童的惊奇感，并引导他们把惊奇感转化为求知欲，成为思维过程的比较持久的推动力。湖北特级教师杜呈鸾在《鲸》一课里，曾做了如下设计：

师：请读第一段，看作者是怎样向我们介绍鲸的？

生：这一段写鲸的大小，是从重量和长度方面来写的。

生：作者说，最大的鲸有32万斤重，最小的鲸也有三、四千斤重。

师：刚才有同学问，作者为什么不向我们介绍鲸的长度呢？

生：我觉得作者既然已经向我们介绍了最大的鲸和最小的鲸，那么，我估计最大的鲸可能有六七十米，最小的鲸可能有八九米。

师：你是怎么知道的？

生：因为作者向我们介绍了我国捕获的一头鲸的长度和重量。这头鲸有八万多斤重，长度是十七米。但这头鲸不是最大的，最大的一头鲸有30万斤重，是八万斤重的四倍，因此我推算出最大的鲸的长度可能是六七十米左右。

师：啊！原来这段话还是道数学应用题哩！这位同学肯动脑筋，善于推理，大家要向他学习。但据《百科知识》记载，现在有记录可查的世界上最大的蓝鲸，身长 34.6 米，重 170 吨。可见重量和身长并不是按比例增长。

从以上课堂谈话看出，正是思维的目的性引起思维的灵活性。在这个过程中，语言起着很重要的作用，而关键是要引导学生善于分析综合。

点评：教师从提问入手，设计有价值的思考题，促使学生积极动脑，这样才能使学生学得主动积极，课堂气氛才能活跃而充满生机。

实例二

课堂提问是引起学生反应，进行各种知识信息、情感信息交流的主要手段。爱因斯坦说过："教育应当使其所提供的东西，让学生作为一种珍贵的礼物来领受，而不是作为一种艰苦的任务去负担。"课文里的问题，教师应该用自己的那涓涓语流，充满爱的语言把问题变为礼物，激起学生思维。

《蛇与庄稼》一文中有这样的一个书后问题：你能分别举个复杂联系与简单联系的例子吗？运用艺术的语言可以使任务变为礼品。设计如下语言：

"同学们，通过认真地学习，你们已经掌握了蛇与庄稼、猫和苜蓿的复杂联系，下面大家放松一下，请同学们回到生活中，回到家中，想一下，同桌讨论讨论，在身边有哪些事物之间会有联系，比一下谁回答得好，答案巧妙？"

同学们列出许多答案，有的同学运用语言叙述，有的同学运用简易关系图来表示。老师选择一种趣味型答案进行评讲：（狗、小偷、彩电）点出小偷偷彩电，狗叫或咬小偷，狗则又保护了彩电。

点评：这种提问运用了鼓励型语言，学生全体参与，互相讨论、争辩，课堂气氛顿时活跃。趣味型答案又引起学生兴趣，营造出良好的课堂学习氛围。

实例三

霍懋征老师在教《月光曲》一课时，学生对贝多芬为什么要给茅屋里的盲姑娘弹琴很不理解。这时他启发学生说："盲姑娘听贝多芬弹了一曲以后说：'弹得多纯熟呀！感情多深哪！您，就是贝多芬吧！'对于一个素不相识的人来说，怎么能从弹琴的声音中听出弹琴的人来呢？这时贝多芬的心情又怎样呢？"学生积极思考，但一时又回答不出来。

稍等一会，她给学生讲了一个典故："古代有两个人，一个叫俞伯牙，一个叫钟子期。伯牙喜欢弹琴，弹得非常好。钟子期在旁边听着，十分欣赏。有一次伯牙刚弹到描写高山的时候，钟子期就情不自禁地说：'善哉，峨峨兮若泰山！'（弹得真好呀！高呀，高峻得像泰山一样！）当伯牙弹到描写流水的时候，钟子期又说：'善哉，洋洋兮若江河！'（妙啊！盛大得像滔滔的江河！）伯牙非常高兴，觉得世界上没有像钟子期这样了解自己，他是自己的知音。后来钟子期死了，伯牙就再不弹琴了。因为……"

她话没说完，学生举手站起来说："老师，我明白了。盲姑娘像钟子期一样，是贝多芬的知音。贝多芬既同情盲姑娘，又看到她是自己的知音，所以心情很激动，愿意为盲姑娘弹了一曲又一曲。”

点评： 老师运用典故进行类比，唤起学生的联想，启发学生获得正确答案的思路，使学生豁然开朗。

实例四

在讲《内蒙访古》一文时，其中有这样一段话：“如果不分青红皂白，只要和亲就一律加以反对，那么在封建时代还有什么更好的方法可以取得民族之间的和解呢？在我看来，和亲政策比战争总要好得多。”在这段话里，作者对和亲政策是十分赞扬和肯定的，但学生却并不理解，反应极为淡漠。李老师立刻意识到需要改变讲解的方法。于是我提出：

“同学们，请大家想一想。如果单于娶了汉朝女儿王昭君，汉朝和单于是什么亲戚关系呢？’’我问。

“岳父和女婿关系。”

“那么，有女婿带兵打岳父的吗？”

“没有。”同学们齐声回答。

“我再问一下，王昭君生了孩子，汉朝是这些孩子的什么亲戚呢？”

“姥姥家，舅舅家。”（回答不一致）

“有外甥带兵打姥姥，舅舅的吗？”

“没有。”（同学们面带微笑）

“好！大家看一下，通过这种亲戚关系，最少能使两代人甚至几代人和平友好，这种政策比起打仗来哪种好呢？”

“和亲政策好！”（声音宏亮）

就这样，同学们在轻松愉快的气氛中，理解了和亲政策的意义。

实例五

《坐井观天》这篇寓言故事，运用拟人手法，在描述了飞翔的小鸟和井底之蛙关于天的大小争论之后，末尾写到小鸟劝执拗的青蛙跳出井口便戛然而止，给读者留下了想象的余地。教学时，我有意识设置悬念问："后来，青蛙有没有跳出井口看看天呢？"

问题一提出，便激起学生心中好奇的涟漪，荡起学生想象的浪花。一番思索后，学生争相举手，各陈己见。有的说："青蛙露出自信的神色，半睁着眼睛，摇了摇手，仍然坐在井底，因此它看到的天还是井口那么大。"

有的说："青蛙听了小鸟的话，狠狠地吸了一口气，撑起两只手，两脚猛地一蹬，跳出了井口，它把眼睛睁得大大的，一看'哎呀'一声，惊奇地说：'小鸟姑娘，你说得对，天果然无边无际，大得很哪！我要是不跳出井底，怎么也不会相信你的活。'"

点评：激发学生的想象和联想，既能培养和训练学生的思维，又可以活跃课堂的气氛。

实例六

一次，特级教师于漪作公开课，讲《宇宙里有些什么》。讲完课，她给学生留一点时间看看书，提提问题。

这时，一个学生站起来问："课文中有这样一句话，'这些恒星系大都有一千万万颗以上的恒星'，这里的'万万，是多少？"话音刚落，全班学生都笑了。问问题的学生很后悔，责怪自己怎么问了一个这么蠢的问题，谁不知道"万万"是"亿"呢？没等老师让坐下，就灰溜溜地坐下去，深深地埋下了头，懊悔自己不该给老师的公开课添这样的麻烦。

于老师笑着说："这个问题不用回答，可能大家都知道了。可是我要问：既然'万万'是'亿'，作者为什么不用一个字'亿'，反而用两个字'万万'呢？谁能解释？"教室里静了下来，学生们都在思考。

于老师的学生毕竟是养之有素的，随即便有人举手。于老师叫一个学生站起来回答。学生说："我也不太懂，不过我想说说看。我觉得用'万万'读着顺口，还有，好像'万万'比'亿'多。"于老师说："讲得非常好，别的同学还想说什么吗？"当于老师确认没有不同看法后总结说："通过对'万万'的讨论，我们了解到汉字重叠的修辞作用，它不但读起来响亮，而且增强了表现力。那么，同学们想一想，我们今天这个知识是怎样获得的呢？"全班学生不约而同地将视线集中到刚才发问的学生身上。这个学生如释重负，先前那种羞愧、自责心理一扫而光，仿佛自己一下子又聪明了许多。

点评：教师的行动、诱导，无疑是对学生的最大鼓励，这对形成良好的学风、教风，关系巨大，不可轻视。

实例七

某老师在教学《千米的认识》一课时，通过谈话提问生成"千米"的概念。

1. 谈话：同学们，每当暑假到来的时候，你们都喜欢去旅游，对吗？你想到哪儿去呢？

生 1：我想去北京。

生 2：我想去上海。

生 3：我想去杭州。

师：你们想去的地方可真多。你们知道从苏州到那些地方有多远吗？让小灵通来告诉你们吧。请看大屏幕（在中国地理版图上，电脑动画显示：苏州一北京、苏州一上海、苏州一杭州的“千米”数）。

讲述：当我们表示这些比较远的路程时，都用了一个相同的单位，那就是——千米（电脑闪现）。说明：“千米”是长度单位家族中的新成员，它还有一个名字叫公里，今天我们就来认识它。（板书课题：千米的认识）

2. 举例：你在哪些地方见过或听说过千米？

电脑出示图片：铁路、公路的里程碑，公路上的限速标志，香港特别行政区地图上的线段比例尺等。

提问：你知道每幅图片的含义吗？

讲述：计量路程或测量铁路、公路、河流的长度，通常用“千米”做单位。

3. 出示：学校操场照片、班级学生在操场行走的照片、一名学生跨出一步的距离与一把米尺长度的对照图。谈话：小朋友们看，这是我们学校的操场，你们熟悉吗？仔细观察，照片里的小朋友在操场上干什么？他们走一米大约是几步？

提问：那想想看，走 100 米，大约是多少步呢？

照这样计算，走 1000 米是多少步呢？

谈话：我们学校操场的跑道一圈是 200 米，早晨，老师带领小朋友走了一圈，谁来告诉大家，你们走一圈大约是几分钟？（3 分钟）

提问：走一圈是 3 分钟，那走 5 圈大约需要几分钟？（大约需要 15 分钟）走 5 圈，也就是走了多少米？（走 1000 米）

讲述：1000 米也可以写作 1 千米。（板书：1000 米＝1 千米）

点评：“千米”这个概念是比较抽象的，虽然学生在生活中可能对此并不陌生，但真正意义上的千米，学生头脑中还是没有的。因此，在课始，通过情景回顾来逐步提问展现了“千米”这一概念。

实例八

1. 此“数”与彼“树”

某年轻的女教师为一年级的孩子上《认识8》这样一堂数学课。从认识1到认识7，教法大都类似。为突出新意，老师一开课便在柔美的音乐声中翩翩起舞，将双手交叉上举，做出数字8的象形。

师：你们看，这像什么数（树)?

生：像杨树

师：不对

生：李树

师：看我的双手弯弯曲曲，像什么数?

生：榕树

师：（着急地）不是这个树，是那个数

生：（茫然地）……

师：想想我们前几节课学过什么数?，猜猜今天要学什么数?

生：（哦)，8

点评：问题要有“学科的味道”。对于一年级的孩子来说，并没有我们成人的学科意识。在生动的形象和教师语言提示面前，他们不能明确地判断：数学课学的是“数”而不是“树”！为了象形而创新，符合低年级儿童的认知心理，本身无可厚非，但未经考究的不恰当提问，带来了歧义，将数学课堂的“数学味道”变得全无。数学课堂中的问题必须有“数学的味道”，否则，学生的回馈将是泛学科的“发散”，数学教师很可能被学生漫无目的的“意识流”所牵引，从而失去学习的意义。如果一开始将问题设成“前几节课我们学过哪些数？今天我们继续学习新的数，看看老师的手的形状，像哪一个数？”，提示清楚一些，指向明确一些，或许就能避免不必要的折腾。

2.“还有吗”

某教师教学《认识角》（新世纪版第6册）。为了让学生感知数学与生活的联系，配合教师设计的“我们去旅游”的情景线索，出示了一系列与交通标志相关的实物：出口指示牌（长方形），转弯指示牌（三角形）和限速警示牌（圆形），手巾（正方形）等，让学生比较它们的不同（长方形、正方形、三角形都有角，而圆形没有角）。

师：这些是什么？

生：交通标志

师：它们有什么不同？

生1：有些是圆的，有些是方的

师：还有吗？

生2：它们表示的意义不同

师：什么不同？

生：转弯指示牌表示……，限速警示牌表示……

生2：我不同意…

接着学生争论起来。

点评：问题要适可而止。我们老师总是想让学生体会数学与生活的联系，千方百计创设情景，再引出问题；

在这些情景的渲染下，教师有意无意地会抛出一些无关的问题，并且认为完全尊重学生的所有问题和兴趣才体现了学生的主体作用。当生1已经讲到要害时，教师的那句“还有吗?”，本是想让更多的学生来叙述，提高课堂的参与度。不想教师的随意发问是画蛇添足。可见，教师的设问如果没有明确的目的，随意发问，就不能发挥相应的价值和作用。教师的问要适可而止，把握好度，当学生偏离基本的思维方向的时候，教师来一点“武断”的纠正也是必要的。

3. 漂亮的“尾巴”

这是一次校内公开课。内容是人教版五年级《分数与小数的互化》。下课铃声即将敲响时，教师打起了总结：

师：今天我们学习了如何将分数化为小数，有的分数能化成有限小数，有的分数能化成无限小数，方法是……

师：老师这还有一个有趣的问题，你们想一想分数化成的小数，都是无限循环小数吗？(学生开如思考)

师：关于这个问题，由于时间的关系，下节课我们再来研究。下课！

生：(嘀咕起来）又是“下节课研究”，从来没有研究。

点评：问题岂能只留不解决。“下节课研究”、“课后我们研究”这是公开课结束时惯用的结语。我们都这样做了吗？课堂的提问的确需要层次的变化，要体现难度与梯度的递进。但是如果脱离了学生的认识水平，只是为了体现课堂的“质量”而生硬地添上一个漂亮的“尾巴”，“下一节课”又从不去解决，这样“漂亮的尾巴”还是不长的好！

实例九

1. 启发性提问语

好的提问应富有启发性，应该是把注意力放在激发学生的思维过程上，而不直该急促地迈向结果。启发性的另一个重要方面是老师的问题要能引发学生提出新的问题。因此，老师应鼓励学生自己去揭示问题、探索知识和规律，体会一个探索者的成就，让学生获得自主探索的成就感。启发性的问题能引导学生去主动探索，能诱发学生展开思维的翅膀，达到非说不可的境地。例如，在教《桂林山水》一课时，有位教师这样设计提问语：

“如果让老师来写水，我会这样写：漓江的水真清啊！真静啊！真绿啊！你们认为是书上写得好，还是老师说得好？为什么？”

有学生说：“老师说得不好，说得太空洞了，只说漓江的水又清又静又绿，水清到什么程度、绿到什么程度，别人听了一点也不明白。”

有学生说：“书上写得好，具体写出了漓江的水清，清得可以看到江底的沙石，漓江的水绿，绿得像一块无瑕的翡翠。”

有学生说：“书上写得形象，作者用无瑕的翡翠来比喻漓江的水，使我们不仅好像看到漓江水的颜色，还感觉到了水的光波。”

点评：学生通过看书，研究书上的写法以及好在哪里并发表自己的看法。在这个基础上，这位教师又让学生总结书上是怎样把“水”写具体的。这时，水到渠成，学生很快就掌握了。

2. 启发性提问语

启发性，是指提出的问题要有思考的价值，无论是因文解道，还是因道悟文，都要给学生以思想的启迪。比如教学《小狮子艾尔沙》这一课，我们可以引导学生提问：

“为什么说小狮子艾尔沙回来了，我又高兴又难过？”然后启发学生联系上下文或者生活经验来释疑。联系课文，小狮子回来了，好朋友又可以在一起了，“我”当然高兴；但又为小狮子艾尔沙不能适应自然环境，“我”所以又感到难过。

点评：这样，通过运用多种形式的提问语启发和引导学生释疑，就可以加深学生对课文的理解，激活学生的思路。

3. 系列性提问语

一组问题的提出要有系列性，有关联性，问题的解决能够带动类似问题的理解与把握。让学生学会融会贯通。使知识系统化、网络化。

如在学习分数四则混合运算时，先提问，整数四则混合运算的运算顺序是怎样的？分数四则混合运算的顺序跟整数四则混合运算的运算顺序相同吗？最后提问，整数四则混合运算顺序、小数四则混合运算顺序、分数四则混合运算顺序都相同吗？

点评：这一组问题，由易到难、由浅入深，构成了一个有机的系统，后一问句的焦点以上面问句提供的信息为依托，层层递进，有效地为解决本文主旨是什么的问题。

4. 层层递进式提问语

有的问题比较有难度或者深度，对于这样的问题，老师可以采用层递式提问法。如教“三角形的面积计算”时，可以这样设计提问语：

①两个完全一样的三角形可以拼成一个已学过的什么图形？

②拼成的图形的底是原来三角形的哪一条边？

③拼成的图形的高是原来三角形的什么？

④三角形的面积是拼成的图形面积的多少？

⑤怎样来表示三角形面积的计算公式？

⑥为什么求三角形面积要用底乘以高再除以2？

点评：这样的提问语设计既有逻辑性又有启发性，不仅使学生较好地理解三角形的面积计算公式，而且能发展学生的思维能力。

第三节　讲授语

一、讲授的方法

讲授语是教师向学生传授知识和技能时进行叙述并解释的语言，它是使用频率最高、运用最广泛的教学语言，常常在一节课中要很多次地使用它。要将一个全新的知识和学生不明白的问题传授给教学对象，解说明白是关键。既要把概念原理等知识性的东西解释清楚，又要把怎样做的方法、要领传授好。阐释语要求规范、明了、准确、流畅，还要求针对学生特点，讲得通俗、生动、活泼，带有趣味性、启发性，使学生觉得学习是一种快乐，而不是一种负担。

（一）　掌握课程内容

要讲好一门课程，首先必须对这门课程的内容下功夫钻研，不但要做到深刻理解，而且要做到全面掌握。这样才能适当选择教材和妥善安排教材。所谓深刻理解，就是要把课程内容的每一个组成部分都彻底搞懂，不能有一点含糊，准备回答学生们可能提出的一连串的“为什么”。这是基本的要求。所谓全面掌握，就是要能从全部内容中抽出重点，理出系统，用一根线贯穿起来。这个要求虽然是高了一些，但也要努力争取做到。要知道，即使教师自己明确了重点，理出了系统，再去讲课，同学们听了以后，还可能感到“重点不突出”，“系统不清楚”。如果教师自己就是重点不明，系统不清，同学们所听到的将只是无主次、无头绪的一堆零碎知识。这是因为，把教师的知识转变为学生的知识，要经过“讲”和“听”的过程，要打一定的折扣。道理虽很简单，但有些教师同志们未能深切体会，因而不够重视。

为讲课而钻研一门学科的内容，绝不能以教学大纲或一本教科书的内容为限，不能要讲多少就只学多少，不能懂得几分就讲到几分。一定要“多走一步，深入三分”，有一定的储备力量。不然，将来会感到无法启发同学，答疑的时候会感到词穷才尽，无法应付。其次，对这门学科过去发展的过程、目前发展的情况、将来发展的方向，以及它在各个发展的阶段怎样和生产实际相联系，也必须有一定的了解。这样，在讲课的时候才不致内容枯燥、范围狭窄，使同学们感到“干巴巴的”、“只有骨头没有肉”。如果自己曾经在这一学科方面结合生产做过一些科研工作，就更能使讲课讲得生动，使同学们感到有说服力。

在钻研教学内容时，在广泛阅读各家各派不同的学说和不同的方法，比较它们的优点和缺点，并且肯定自己的看法。虽然将来在讲课时一般并不讲授所有不同的学说和方法，但可能有一些同学们阅读参考书，提出这方面的问题，教师要做到有备无患。如果教学大纲中规定全都要讲授，那么教师就更必须有肯定的见解，在讲课时明确指出，否则同学们将更加不知所从了。

（二）　适当安排教材

这里所谓安排教材，是指分量的多寡和次序的先后这两方面说的。

教材的多寡，首先是决定于教学大纲的要求。对于同一门课程，不同专业有不同的要求，这都反映在教学大纲里面。凡是教学大纲规定的内容，必须纳入教材之内。凡是教学大纲不要求的内容，一般都不要塞进教材。切忌贪多求全，更忌以多取胜。内容太多，不免会有两种结果，一种结果是赶进度，抢时间，早上课，迟下课（拖堂），分秒必争，弄得师生两方面都非常紧张；一种结果是讲授内容过于浓缩，讲解过于简略，同学们对主要内容反而不能理解或不能深刻理解，自然也得不到好的效果。过去有同志讲过："我出于好心，想让同学们多学一点，想把自己所知道的都讲出来，结果是意见一大堆，好心没有好报。"这是值得吸取的教训。

如果只讲授教学大纲规定必讲的内容还嫌时间太紧，可以考虑利用讲课以外的教学环节，使学生们学到这些知识。例如，有些教学推导，如果教科书上已经写得很清楚，同时也不包含重要的物理概念，那就不必在黑板上再写一遍，而让同学们用自学的时间去阅读教科书。有些例题，如果并不是用来说明重要理论的，可以移到习题课里去讲。对某些结构或机器的描述，与其在课堂上费时费力还讲不清楚，倒不如让同学们在课后看一看模型或实物，既省时间又省力，效果可能更好些。

教学内容次序前后的安排，主要是要符合学生学习的规律，要由简入繁，由易到难，要注意分散难点，分散新概念。不从学生的学习规律出发，不为学习方便来打算，而片面强调学科的系统性，或是勉强适应生产过程的先后，都是错误的。为了使学生对于学科的系统性和生产过程有所了解，可以在课程结束，学生已掌握了课程内容以后再进行介绍。

如果教师对教学内容不很熟悉，或是教学经验较少，还不能对全部教材融会贯通、自己理成更好的系统，那么，最好还是老老实实地按照一本教科书中的次序来安排教材，不要做很大的变动，因为教科书一般是由经验比较丰富的教师们编写的，他们都曾经深入考虑过这方面的问题。但这是暂时的措施，应当争取以后做到对教材融会贯通，自成更好的体系。

（三） 注意表达方式

讲课时要态度自然，不宜过于拘束，更要注意保持严肃，不可表现轻飘，以免使同学们分散注意力，易于疲倦。眼睛要多多正视同学们，不宜以过多的时间面向黑板，更不可常常看窗外、看地板、看天花板。要轮流正视左右前后的同学，使他们感到你是在向他们讲心里话。写了板书以后要及时让开，使所有的同学都能看到黑板上的字。不可随写随擦，要让同学们来得及看，来得及记。

讲话的声调要有轻重缓急，要有节奏感，要能鼓动学生们动脑筋积极思维。在适当的地方，可以先提出一些问题让学生考虑，在学生经过一定的思考以后再讲。在讲课中，还应注意适当留些问题给学生课后去思考，启发学生深入钻研。再下定义、下结论时，要把声调加重些，把速度放慢些，要斩钉截铁，毫不含糊，还应有适当的重复，但重复时不可改动字句，以免同学们不知怎样记才好。

如果口头语太多，要注意改正，如果不会讲普通话，要坚决学会。讲话要准确、精炼，要讲究逻辑，不要拖泥带水，更不可语病丛生。例如，两句话之间如果并没有因果关系，就不要随便用个“因此”把它们连接起来。不要只举了一个很特殊的例子，马上就接着来个“由此可见”，讲出一般性的结论来。这种不恰当的语句，不但妨碍同学们对讲课内容的正确理解，而且不利于他们在思维逻辑和辨证观点方面的锻炼。应当尽量用通俗易懂的语言来讲课。不要用同学们不熟悉的、比较艰深的数学语言或哲学语言。如果非用不可，必须简单地解释一下，免得同学们在思想上起疙瘩，妨碍听讲的效果。

讲课时，要随时注意同学们脸上的表情。如果发现有不正常的情况，要及时找出原因，设法补救。例如学生们交头接耳，手指黑板，就表示黑板上写错了字，要立即改正：学生们目光呆滞，记笔记的速度放慢了，就表示他们有些疲乏，注意力难于集中，这时就要调整声调，讲一两句警语，甚至讲一两句笑话，使他们恢复注意力。学生们皱眉苦脸，就表示教师所讲的内容难于理解，这时应当减慢讲授的速度，适当地重复讲解或补充说明。

二、讲授实例

实例一

某位老师在讲授《木兰从军》一课时，讲授语是如此设计的：

师：先请大家阅读第一段，看一看写了什么，并回答老师黑板上的问题。（板书：木兰是——）

生：好

（阅读时间为两到三分钟）

师：大家阅读完了吗？有谁可以告诉老师这个空填什么吗？

（生举手，师点名回答）

生：课文中说木兰是位女英雄。

师：木兰是位女英雄。（完成“木兰是位女英雄”的板书）那大家想不想知道为什么木兰是位女英雄呢？

生：想。

师：那我们接下来一起学习第二段。请大家一起来朗读这段。

（生朗读，师指正读音，并讲解本段生字）

师：大家读了这段，知不知道这段写了什么呢？

生：知道。讲了木兰为什么要去从军。

师：那是为什么呢？

生：因为北方经常发生战争，朝廷下达紧急征兵的文书，需要有人去前线支援。

师：关于这点老师就很疑惑了，木兰是一个女儿家，为什么她可以去前线呢？古时候是不允许女子从军的，只有男子才可以从军。

（生沉默）

师：大家想不想听故事？老师讲一个故事给大家听，好不好？

生：好。

师：以前，有一个少女叫冯素珍，她与青年李兆廷自幼同窗共读，一起成长，订下婚约。后来李兆廷的父亲遭奸臣谋害，家道中落。兆廷回乡避祸，前往冯家借钱，希望可以救出自己的父亲。素珍后母王氏逼他退婚。素珍深爱兆廷，相约会于后花园，赠银一百两，以济困厄之急。又赠玉麒麟一只，以示永不变心。不料王氏闻风赶到，诬陷兆廷为盗，将其送官究办，并将素珍另配。素珍不从，女扮男装进京寻访哥哥少英，但遍寻无着，偶见招考皇榜，急中生计，冒充李兆廷之名应试，得中头名状元。皇帝见其才貌出众，招为驸马。素珍推辞不得，十分焦急。八府巡按张绍民前来拜访新科状元，寒暄之后，素珍认出他竟是哥哥冯少英。两人正共谋脱身之计，不意圣旨传

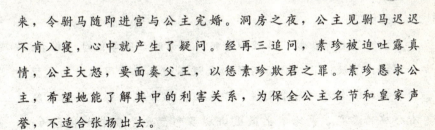

来，令驸马随即进宫与公主完婚。洞房之夜，公主见驸马迟迟不肯入寝，心中就产生了疑问。经再三追问，素珍被迫吐露真情，公主大怒，要面奏父王，以惩素珍欺君之罪。素珍恳求公主，希望她能了解其中的利害关系，为保全公主名节和皇家声誉，不适合张扬出去。

翌日，公主请求父王赦免素珍，皇帝迫于情势，收素珍为义女。冯少英上殿代妹请罪，宰相借此机会做媒，奏请将少英招为驸马。素珍救出兆廷，由兆廷顶状元之名。皇宫张灯结彩，两位驸马同时完婚。这就是《女驸马》的故事了。

大家知道素珍是如何当上驸马的吗？

生：她是女扮男装当上驸马的。

师：对了，大家真是很聪明。素珍是女扮男装当上驸马的，那木兰是怎样去从军的呢？

生：她也是女扮男装去从军的。

师：为什么要女扮男装呢？其实她是可以不用去的啊。大家在课文中找一下她为什么要女扮男装的句子。

生：她想：父亲年老多病，难以出征；弟弟又小，还不够当兵的年龄。自己理应为国家分忧。她就说服家人，女扮男装，替父从军。

师：她是如何说服家人的？这是老师留给大家的课后思考题。

点评：此讲授语规范、明了、准确、流畅，还针对了学生的特点，讲得通俗、生动、活泼，带有趣味性、启发性，使学生觉得学习是一种快乐，而不是一种负担。

实例二

张继英老师在教“狐狸和乌鸦”一课时，同学们对“奉承话”一词提出了疑问。经启示回答，众说不一。为使同学确切掌握它的含意，张老师向同学们说：“连儿童都知道，乌鸦的羽毛既没有公鸡的漂亮，更比不上凤凰斑斓多彩。要是鸟中比羽毛的话，数一百轮也轮不到说乌鸦羽毛美。而狐狸怀着不可告人的目的硬说乌鸦的羽毛最漂亮。这种为了讨好对方，而故意说些不切合实际的漂亮话就是‘奉承话’。下面我写了三句话，请小朋友们来加以辨别并回答。”

雷锋叔叔爱憎分明，立场坚定，关心别人比关心自己还重，不愧是伟大的共产主义战士。

乌鸦的嗓子最难听，谁都不爱听它唱歌。

狐狸对乌鸦说：“你的嗓子真好，你唱起歌时悦耳又动听。”

同学们齐答：第一句是符合实际的表扬话；第二句是符合实际的老实话；第三句属于“奉承话”。

听着同学们的回答，张老师满意地笑了。

点评：对比较难懂的词语，结合实际事物让学生理解，然后再创造条件让学生辨析使用。教法科学，效果好。

第四节　应变语

一、应变的方法

应变是一种教育机制的表现。它是根据学生接受能力灵活调整的语言。在课堂教学中，师生双方活动，处于错综复杂的状态，往往会出现一些意想不到的情况。这就要求教师敏锐地发现问题，适应千变万化的形势，灵活地、及时地用应变语来驾驭课堂教学。应变语要求教师有敏捷的思路，善于顺着学生考虑问题的轨迹，找出症结所在。要尊重学生，因势利导，用画龙点睛的话语使学生幡然醒悟。与此同时，教师还应有宽容精神，言语要和蔼。切不可因困窘而一味指责学生。

课堂教学是师生的双边活动，对象是活生生的人。几十名学生在一起学习，他们的知识水平、兴趣爱好、性格特点各异，课堂中出现偶发事件、意外情况是难免的，也是必然的。当偶发事件出现时，教师应该掌握应变的技巧。

（一）临变不慌，化“热”为“冷”

课堂上一旦出现偶发事件，教师不能心慌意乱，急躁发火，要善于控制自己的情感，约束自己的行为，抑制过激的情绪，理智而冷静。这既是教师不可缺少的心理品质，也是衡量应变能力高低的尺度。课堂上出现的偶发事件，有很多是学生在情绪激动时出现的。此时他们没有考虑事情的后果和影响，教师如果不掌握学生的这一心理现象，硬要批评训斥学生，往往容易碰壁，有时还会给学生留下难以愈合的创伤。相反，教师如果运用教育机制，将“热问题冷处理”化大为小，化不利为有利，就能在最短时间内平息偶发事件，使课堂教学转处正轨。一位教师正背着学生板书时，忽听见有人告状：老师，他们俩在打架。这位教师临场不慌，既没批评学生，也没训斥学生，而是抚摸着他们的头微笑着说：“你们俩怎么啦，曾经还是好朋友，为什么生气呢？双方要互相原谅，我相信你们自己会解决好的。好我们开始上课。”随着教师的话音刚落，同学们松了一口气，有的还为老师的这种高明之举脸上露出了满意的微笑。在这善意的笑声中，这两位同学都松开了手，不好意思地低下了头。一场“龙争虎斗”很快平息下来，课上得有条不紊。

（二）出自爱心，化“挑衅”为“善意”

在处理偶发事件时，教师要注意把严肃、善意的批评与信任、积极的鼓励结合起来，把尽量多的要求与尽可能的尊重结合起来，不可感情用事，用训斥加批评的方法简单粗暴地处理，以免激发师生之间的矛盾，造成师生之间情绪的对立，扩大事态的发展。

一天上课，谢老师刚走进教室，就看见黑板上不知谁用粉笔画了一个人面猫头鹰，那人面活像谢老师的脸，谢老师定睛看了一会儿，毫无愠色，微笑说着："此漫画多么的像我！由此可以看出，这位同学不仅绘画水平高，而且非常尊敬老师。"大家笑了，老师也笑了。那位恶作剧的学生舒了口气，对谢老师产生了一种高山仰止的尊敬。处理偶发事件，运用教育机制时，千万不能忘记"爱心"二字，否则，就有可能把事态扩大。这正如苏霍姆林斯基所说："教育，这首先是关怀备至、深思熟虑地、小心翼翼地触及年轻的心灵。在这里，谁有细致和耐心，谁就能获得成功。"

（三）因势利导，化"消极"为"积极"

所谓"势"，是指事情发展所表现出来的趋向。处理偶发事件时，要注意发现和挖掘事件本身所包含的积极意义，然后顺势把学生引上正路，或顺势把学生拉向正轨。

胡老师接过一个差班，上第一堂课。当她把手伸到粉笔盒里掏粉笔时，突然发出一种"嗤嗤"的叫声，吓得她尖叫一声，全班哄堂大笑。大家一看，原来不知是谁在粉笔盒里放了一只知了。胡老师尽力使自己镇静下来，待笑声稀疏了，她带着余悸，平缓地说："听说，每一位接我们班的老师，都有大家赠送的特殊礼物，比如刘老师的大王蜂，高老师的四脚蛇……而我呢，你们送了一只知了。"她微微笑了笑说："我是第一次亲眼见到知了，当我抚摸到它时，它好像是放开歌喉在欢迎我的到来。我要感谢这位同学送给了我一件这么好的礼物……"这时，外号叫"卷毛"的男生"扑哧"一声，嘴凑到"顽童"的耳根："老师还表扬你呢。""顽童"不自在地低下了头。第二天早晨，当胡老师踩着铃声走进教室时，一股清香扑鼻而来。她意外地看到，讲台上的粉笔盒上插着一束鲜花……从此这个班变了，变成了全校的先进班，变的原因就在于胡老师善于因势利导，将消极因素化为积极因素。

二、应变实例

实例一

（一）化被动为主动的应变语

一位教师对学生讲，要建立无产阶级感情，要学会爱人。不料，这时有一个顽皮学生站起来向她提出一个难堪的问题："老师，你有爱人吗？"这位教师是大龄未婚女青年，还没有对象呢，这个问题无疑刺到了老师的痛处。但是，这位老师回答得很巧妙："这位同学问我有爱人吗，谢谢你的关心。我首先有你们这些学生，你们就是我所爱的人。其次，我将来会有一位家庭爱人，他会成为你们所喜欢的好叔叔。不过，我今天上课时说的'要学会爱人'，是讲的这个意思吗？"

（二）有意转移式应变语

课堂上，有时学生提的问题教师不便作答或不能作答，那么可用转移话题的办法摆脱困境。一次教师在分析《画蛋》一文时，指导学生观察国画，有位同学提问："达·芬奇和他的老师为什么都留着长头发，而我们却不能留？"老师答："每个民族都有自己的风俗习惯，我们的一些习惯跟他们就不一样。我们要学习他们的是什么呢？就是要学习他们专心学习的精神。"老师巧妙地把话题作了转移。可是，那个学生不久又问："老师，您有达·芬奇的本事吗?"回答"有"吧，又不符合实际；回答"没有"吧，学生会认为老师没本事，对老师感到失望。只听这个老师说："达·芬奇本事真大。他为什么能有这么大的本事呢？就因为他学习刻苦，谁想要有本事，谁就得刻苦学习。"一句话，又把话题转移到课文的主题上来，摆脱了困境。

（三）顺水推舟式应变语

一次上课，韦老师走上讲台面带笑容地说，"这节课，我们一起学习老舍的《小麻雀》。"边说边习惯性地打开粉笔盒，伸手拿粉笔板书。呀，毛茸茸地吓得他出了一身冷汗，教室里咯咯咯地笑开了。原来，粉笔盒里关着一只羽毛未丰的小麻雀。韦老师沉静片刻后说："好有心计的同学，找来了一只活标本。大家看看，小麻雀的眼睛是不是像老舍描写的那样，小黑豆似的。"于是，小麻雀在大家手中传开了。大家不住地赞叹老舍的观察仔细，比喻生动，也从内心佩服老师处理问题的艺术。课后，韦老师对搞"恶作剧"的学生亲切地说："你对教学很关心，很有心计。不过，要是事先跟我打个招呼，就更好了。"几个同学听后很感动，惭愧地低下了头。

（四）张冠李戴式应变语

有一次，生物学家格瓦列夫在讲课，突然，一个学生在下面学鸡叫，课堂里顿时一片哄笑。这时，格瓦列夫镇定自若地看了看自己的挂表，不紧不慢地说："看来我这只表误事了，没想到现在已是凌晨了。不过，请同学们相信我的话，公鸡报晓是低等动物的一种本能"。同学们一边笑，一边用责备的目光注视那个恶作剧的同学，课堂秩序逐渐安静下来，格瓦列夫又继续讲课了。

（五）悬念化解式应变语

课堂上有时会遇到难堪的场面、突发的事件、一时难解的纠纷等，教师机智地加以化解，其中，有意制造一个悬念，把热点问题荡开，转到原设计的教学演讲步骤上来，也是应变的一个好办法。高一某班的第四节课是辛老师的语文公开课，上课铃响了，辛老师走上讲台，学生仍在打闹。怎么办呢？只见：

师：（略停，突然朝讲桌猛拍一掌，大声地）现在，我向大家宣布一条重大新闻。情况十分火急

生：（齐）啊，什么重大新闻？

师：嗯，这条新闻是……

生：（注目教师，急于想听新闻，课堂顿时鸦雀无声。）

师：但是，现在一下讲不清，我们要上课，老师们也要听课，等上完课后，我保证告诉大家。（略停）现在，请同学们把课本翻到第103页，今天我们学习《为了六十一个阶级兄弟》【板书课题】。

一场混乱霎时平息，教学演讲中气氛活跃，讲课取得良好效果，令听课者意想不到。下课铃响了。

师：好，让我现在向大家宣布……

生：知道了！

师：知道什么？

生：（齐声）山西平陆县六十一名民工食物中毒！（师生哈哈大笑，教室里响起一片掌声）

（六）幽默风趣式应变语

苏霍姆林斯基说：“所有智力方面的工作都要依赖兴趣”。风趣幽默的语言是教师最喜欢使用的语言。因为它能引起学生的兴趣和有意注意，且可缓解课堂气氛。如：

一位数学老师发现学生总是把小数点末尾的“0”保留下来，讲了多次都不见效。一次当一个学生上黑板演算时，将4.82 + 1.68的和写成6.50，他从讲桌下拿起一把明晃晃的大剪刀，并问学生：“谁知道我要用这把剪刀做什么吗？”学生们都愣住了。教师接着说：“我要给这个得数剪尾巴了。”这时学生才恍然大悟，在会心的笑声中对根除这一毛病有了深刻的印象。

点评：在课堂教学中，总会出现一些意外的情况，碰到这种情况，不要惊慌失措，应沉着应变，用机智的语言作出恰当处理。以上诸例可供我们借鉴。

实例二

写字老师讲完字的结构以后，到下边检查学生的书写情况。一位平时不爱练字的学生跟在老师后边模仿他的动作，引得一些同学哄笑起来。老师对此装作毫无觉察。快下课时，大部分同学都完成了作业，老师让刚才那位同学到讲台上模仿老师的几个动作，把大家逗得哈哈大笑。老师对同学们说：“模仿是一门艺术。相声电影，临帖写字都属于模仿艺术。这位同学模仿老师的动作这么像，表明他还是有模仿天才的。我相信他一定能把字帖上的字临摹得很不错，说不定将来还会成为一名书法家呢！”这位同学意外地得到一次鼓励，以后上写字课居然能够专心听讲并认真练习了。

点评：教师宽容调皮同学的嬉闹，并着意发挥学生的优点，说不定会成为学生成功的契机。

实例三

在布置作文后，一学生拿出抄作文选上的文章交来。我和他这样谈："这篇文章写得多么好啊！你看先总写小白兔的可爱，再分写外貌和动静时的情景，最后又写对它喜爱的原因。真想不到你的作文进步这么快，用词这么准确恰当，思路清晰严谨，中心明白突出。看来你一定下了不少功夫写这篇文章吧。只要肯下苦功夫，就一定能写出好作文来，而我小时就不是这样，光想抄别人的，结果一考试，作文总是写不出来。以后我再看别人作文时，只注意看他们怎样安排层次，怎样突出中心，怎样用词表达，再自己独立仿写，作文慢慢地写好了。你就是这样做的吧。现在你趁热打铁，再写一篇你喜爱的其他小动物。老师相信你一定能写好的。"学生面有愧色地点点头。

点评：对于学生抄袭作文的不良行为，老师没有简单地加以指责，而是循循善诱，现身说法，暗示抄袭的危害。这样既不伤害学生的自尊心，又能调动学生学习的积极性。

实例四

缪老师精神抖擞地走进教室，给新班级上第一堂课。他先作自我介绍："同学们，我姓缪……"他正要板书"缪"字，不知从哪个座位上传出一声猫叫“喵——”。于是引起了哄堂大笑。面对这一恶作剧，缪老师没有发怒，他神情自若地说：“同学们，先别忙着夸我‘妙’，从今天起，咱们一起学习，一段时间后，你们再来评价我究竟‘妙不妙’。”同学们安静下来，担心“暴风雨就要来临”的惊恐消失了。课堂出现了和谐的气氛。

点评：老师对学生的恶作剧没做正面批评，而是机智地予以“曲解”。这样既缩短了师生距离，融洽了感情，又保证在和谐的气氛中继续上课。

实例五

在课堂上，教师对于自己偶尔有之的失言失态，为了不影响课堂气氛，教师不应当死要面子地掩饰错误，而可以以轻松的心态看待自己的错误，以轻松幽默的自嘲方式为自己解围。如：

一位广东籍的语文教师，普通话很不标准。在给一个新班级上第一节语文课时，他说了句“我打个比方……”，全班同学就立刻哄堂大笑，原来他把“我打个比方”说成了“我打个屁放”，这位教师面对大家的哄笑显得十分尴尬，如何处理呢？好在他十分灵机，调侃道：“打个屁放，大出洋相，各位同学，莫学我样，说好普通话，朋友满天下。”

点评：这位教师在对待自己普通话失误时，没有逃避，也没有掩饰，而大胆地运用自嘲式的调侃巧妙地引申发挥，这样做既挽回了自己的面子，又教育了学生莫学自己，努力学好普通话。

实例六

课堂教学有时会受到来自环境的干扰，例如噪音。这时，学生往往不能自制，会转移注意力。环境的干扰甚至会导致教学无法进行。遇到这种情况，教师应保持清醒的头脑，随机应变，巧妙利用环境来实现教学目标。如：

一位小学教师在上《小蝌蚪找妈妈》一课时，天上突然飞过一架飞机，孩子们的目光便同时转向窗外，看得手舞足蹈，嘴里还发出“轰轰”的叫声。这位教师非常冷静，她也和大家一起看飞机，等飞机过后，孩子们都把目光转向她时，她才说：“这飞机真棒！你们知不知道新中国成立前我们国家连汽车都造不出来，更不要说飞机了。明天，我就给你们讲造飞机的故事。现在，我们继续帮助小蝌蚪找妈妈……”。

点评：这位教师在课堂教学受到环境干扰时，临乱不慌，始终跟孩子们保持着亲切感。如果她不是因势利导，而是强行制止，不仅整个教室会乱成一团，孩子们的好奇心也会受到挫伤，即使他们勉强坐下来听讲，也会心不在焉的。

实例七

课堂教学中，教师经常采用旁敲侧击应急语暗示学生的出格行为，也就是说，不正面批评学生，而是抓住合适的讲授机会，点到学生会意即止，使其警醒，认识并改正错误。如：

语文课上，教师正讲得津津有味，教室里响起了打呼噜的声音，同学们都笑起来，教师不得不停下来解决打呼噜的问题。他看了看打呼噜的同学，决定还是继续讲下去："描写生动，要使用象声词，绘声绘色地描写事物的声音形状。绘声，就是用象声词模仿声音。比如，睡觉的酣态，就可以用现在的声音来描摹。请你们注意倾听。"老师作出倾听状，同学们都笑了起来，那睡觉的同学也被笑声笑醒了。教师又说下去："那么你们的笑声又该怎么临摹呢？对，酣睡声是刚才XXX发出的响亮的'呼噜'声，笑声就是大家发出的'哈哈'声。"

点评：这位教师始终没有正面批评那位上课睡觉的同学，但是已经在讲课中旁敲侧击批评了他的错误。这样做，既没有中断教学，又不太刺激学生。

实例八

在课堂上，某些调皮生可能会提出稀奇古怪、甚至是故意刁难的问题。遇到这类情况，教师可以不必急于回答，而是巧妙地反过来把问题抛给学生回答，把直接解答的机会变为启发学生思考问题的最佳机会，最后再综合学生的解答及教师自己的理解而得出结论。如：

一位年轻的女教师在讲《从百草园到三味书屋》时，正分析到"美女蛇"，一个男同学举手问道："老师，有美男蛇没有？"此时班上的同学都哄堂大笑。这时，这位教师没有直接回答这位学生的问题。而是机智地说："这个问题问得有趣，谁能来回答呢？"然后组织学生讨论。当学生讨论完毕时，这位教师说道："好，大家接着学习，看看作者的思路是什么就能回答这个问题了。作者的思路不像 xxx 同学那样对美女美男感兴趣，而是在美女和蛇的对比上。美女是迷人的外表，‘蛇’是害人的本质。‘美女蛇’比喻披着画皮的坏人，在当时暗指自称‘正人君子’的现代评论派陈西滢之流，他们可算是正儿八经的‘美男蛇’。所以‘美女蛇’和‘美男蛇’都一样，都是害人的蛇，都是容易骗人的害人虫。这样从现象到本质去思考，才能理解‘美女蛇’的寓意。”

点评：这位年轻教师面对这出其不意的问题时，并没有措手不及。她用以退为进的方式把学生的刁难问题抛给学生自己，化解了自己的尴尬，顺利地进入了讲授内容。

第五节 结 语

结语，是课文或章节讲完后，或一堂课结束时，或一个问题解决后的结束语或总结语，好的结语会发人深省并给学生留下深刻印象。结语的作用在于让学生当堂消化、理解、巩固强化新学知识，并帮助他们理清思路更好地从感性认识上升到理性认识。结语要求简明、明了、清晰，起到提纲挈领作用。切忌虎头蛇尾，草率收场。最好能创设耐人寻味的结语，给人以悠久绵长地感觉。要防止只作简单重复，语言乏味而无新意。常用的结语有总括式、讲评式、歌谣式、布置任务式等。

一、结语的方法

在课堂教学过程中，教师都非常注重“导语”的设计。固然，“导语”安排的巧妙，能起到先声夺人、引人入胜、激发兴趣的作用，而课堂教学的“结语”也不可小觑，若安排得当，更能产生画龙点睛，余味无穷的效果。明朝人谢榛在《四溟诗话》中说：“凡起句当如爆竹，骤响易彻；结句当如撞钟，清音有余。”其意思是说，文章开头要响亮，使人为之一震；结尾要有韵味，使人觉得余音绕梁，不绝于耳。正如一篇篇清新利落的好文章，无不是凤头豹尾，一气呵成。所以，在教学过程中，也要精心设计“结语”，使它在帮助学生把握学习重点、巩固所学知识的同时，又能让学生有所回味，有所感悟，有所创新。

1．“画龙点睛法”：即在课的结尾让学生自己要言不繁地总结出来本节课所应掌握的知识要点，教师加以修正，以此锻炼学生的口语表达、概括能力。

2．“承上启下法”：在总结本节课学习目标的基础上，过渡到下节课的内容，引导学生课后主动学预习，养成良好的学习习惯。

3．“下回分解法”：在课的结束，能够根据本课的重点难点设计出一至四个由易到难的题目，培养学生独立分析问题、解决问题的能力。

4．“呼应开头法”：根据目标教学原理，不仅在课的开头要明确出示目标要求，而且在课的结尾要一一作出反馈，落实到位。

5．“引申铺垫法”：结语的内容不局限于下节课，而是有意识地为今后要学习的知识作下伏笔，潜移默化，打下基础。

6．“发散结尾法”：可由本学科内容的原理推而广之到生活、文化、科技等领域，举一反三，让学生充分体味到知识的无穷魅力，继而激发学习兴趣，培养良好的学习动机。

7．“放松结尾法”：由于师生的密切合作，本节课教学目标均已提前完成了，不妨听听音乐。师生同欢，其乐融融，拉近了距离，无疑会赢得学生的欢迎，增强教师的人格魅力，进一步促进课堂教学的效率的提高。课堂结语缤纷多彩，各有千秋，应不拘一格，因课制宜，因科制宜，做到科学性与艺术性的统一。

二、结语原则

1. **总结性原则**

课的结尾一般只有两三分钟，结束语不可能面面俱到，要突出知识的重点和结构，针对学生掌握知识的情况，简明扼要地进行归纳和强化。总结性的谈话可以通过阅读课本、设计填空或结合板书，引导学生回忆一堂课所学的内容，作提纲挈领的知识整理或归纳，使学生知道应该记住哪些重要的内容。

2. 启发性原则

数学的规定和构造、数学的模式和方法，是数学学习的主要内容，数学课的结束语就要揭示数学的规律、启发学生的思维。启发性的结束谈话，可以采用拓展延伸、发散思维、假想推断等方式，揭示数学知识的规律，拓宽知识的覆盖面和适用面，加深学生对知识的理解和掌握，培养学生的基础学力和发展学力。

3. 铺垫性原则

数学知识具有严密的系统性，数学课的结尾就要通过新旧知识的联系与比较，引导学生掌握知识之间的联系和区别，把新旧知识构成一个知识网络。新旧知识纵横联系的结束谈话，可以采用纲要信号、前呼后应或比较、辨析的方式，沟通知识之间的联系，促使知识的记忆，避免知识的混淆，激发学生探索知识的欲望，为后续教学作好铺垫，把新旧知识纳入同一系统，使学生今后在运用知识解题时思路更清楚。

4．趣味性原则

教学结尾采用各种生动有趣的方式，激发学生的学习兴趣。趣味性的结束谈话，可以采用游戏的方式、讨论和练习的方式等，调动学生的学习积极性，提高教学的质量。课的结尾虽然花的时间不多，但却是全课画龙点睛的重要一笔，切忌在临下课时，匆匆忙忙地进行匆促草率、不得要领的总结，或拖拖拉拉、淡而无味的总结，更不能作出自相矛盾、使人茫然的总结。

三、结语实例

实例一

背景导读

《统计》是义务教育数学课程标准实验教科书数学（人教版）一年级下册的教学内容。

《数学课程标准（实验稿）》指出："统计与概率主要研究现实生活中的随机现象"……在教学中，教师要根据学生的实际和课堂教学的实际，去选择并创造出灵活多样的课堂小结方法。

教学片断

巩固练习过后，师问："这节课，你学到了什么？"

生1：贴动物。

生2：贴水果。

生 3：贴的本领。

生 4：贴纸工。（真是乱七八糟，急死人了。）

因为，没有人回答到老师的点子上，所以老师还在让学生回答。

生 5：大象的生日。（太离谱了，继续。）

生 6：学到了许多知识。（总算有点眉目了。）

师：那么，学到了什么知识呀？

生 7：学会了贴的知识。（唉，怎么又来了，罢了，教师指着黑板的板书。）

师：看这里，是什么知识呀？

生 8：学会了排一排。（这才对呀！）

生 9：学会了分一分。

生 10：学会了数一数。（太顺了！）

师：这些都是什么知识呢？

沉默。（还是自己来吧，不要又冒出什么稀奇古怪的答案来。）

师：这些都是统计的知识，我们一起来读一读。

点评：

1. 为什么学生不能沿着教师的意图来小结？

本节课，教师设计的每个教学环节是比较清楚的，而且各个环节又是用小动物们来庆祝大象生日，给大象送鲜花作礼物，而大象用各种水果招待小动物们这样一个故事串起来的，可以说，孩子们学得很投入。值得称道的是设计了森林里有一棵神奇的果树，上面长满了各种各样的水果，每个小组从布置在教室墙上的那棵神奇果树上摘自己喜欢吃的水果，这个活动是十分有创意的，孩子不仅在游戏中经历统计的过程，并体现科幻对他们心灵带来的冲击。教师在教学前几个环节时，结合内容一一板书“排一排”、“分一分”、“数一数”，而对于“统计”只不过是让学生连续读两遍而已。在这样的参与学习中，活动中的贴给学生带来了新奇，故事带来了愉悦，自然会让孩子印象深刻，那么也就不必怪学生有前面几种回答。

2. 低年级的数学课有没有必要让孩子来小结、归纳数学知识？

一年级刚入学的孩子，他们都是以直观形象思维为主，这从他们的回答中可以看出，一节课后留在他们脑中印象最深的是什么？并不是死板的知识点，而是有声有色的活动。新课标提出数学的总体目标中用得最多的一个词是“经历”，数学是要让学生在经历教学活动过程来体验、来感悟，是一种重过程的教学，而非重结果的教学。试想，这节课如果单纯让学生背出统计的一般方法是排一排、分一分和数一数，而没有让学生经历参与几次统计的过程，学生就能掌握知识、培养能力、发展数学思考吗？课标在1～3学段“统计与概率”这部分给出的总体目标是“对数据统计过程有所体验，学习一些简单的收集、整理和描述数据的方法，能根据统计结果回答一些简单的问题。”显然，作为统计的第一教时，就让学生来归纳统计的方法，这个要求过高了。

3. 课堂小结是否一定要围绕知识点进行？

新课标提出数学课的总体目标应包括：知识与技能、数学思考、解决问题、情感态度四个方面。如果说，课堂小结应围绕目标来进行的话，显然就不仅仅只是关注知识与技能了。这就促使了课堂小结的多样性，有围绕知识点的“本课学习了哪些新知识?”有围绕数学思考的“你还能提出什么问题?”有围绕解决问题的：“想一想，我们是如何解决课始提出的问题的?”有围绕情感态度的“今天这节课你觉得自己发挥得怎么样?”等等。这就需要教师根据学生的实际和课堂教学的实际，去选择并创造出灵活多样的课堂小结方法。

实例二

数学课小结十五法

课末小结是教师每堂课（非考试课）都要进行的工作。搞好课末小结，对于加深学生理解、巩固当堂所学的知识，掌握规律性的东西，激发学生课后积极思维，都有着重要的作用。

1. 复述法

复述法就是由教师本节课的主要内容梳理复述一遍让学生再一次明确本节课学了些什么。这种方法能迅速指明要点，节省时间，易于控制教学进程。一般运用于概念较多的教学内容。

例如“数的整除”第一课时，包含有整数、自然数、倍数、约数等概念。这些概念既有联系，又有区别，易于混淆。在举例讲解和巧设练习之后，若能加以梳理，复述一遍，则能达到澄清概念、醒人耳目之效果。

2. 口诀法

口诀法即教师结合教学内容精心编制口诀让学生诵读、记忆的小结方法。这种方法既能激发学生的学习兴趣和热情，又能促进知识的牢固记忆。

例如教学“小数加法”，小结时可把书中的运算法则改编成口诀：“点对点，位对位；相加减，点对点。”又如教学“小数乘法”后，小结时可把法则改编成口诀：“小数乘小数，法则同整数；求得积以后，回头看因数；小数共几位，确定积小数；若积位数少，用0补位数。”这样做，无需几分钟时间，学生们均能背得烂熟，一定程度上提高了做题的准备性和速度。

3. 游戏法

游戏法即课堂作业后，组织一场游戏作为小结。这特别适合低年级数学课。如爬山夺红旗、树上摘苹果、拍手歌等都是普遍采用的游戏。

例如教学“用3的口诀求商”，让学生摆三角形形小结。老师宣布摆三角形，小朋友拿出小棒来，即报题：“9÷3”，学生取出9根小棒，迅速摆成3个三角形，又报“15÷3”，学生取出15根小棒、摆5个三角形……

4. 回顾法

回顾法就是教师提出问题，学生根据问题回顾小结的方法。

例如教学“异分母分数加减法”时，课末小结时可提出：①这节课我们学习了什么知识？②所学的新知识“新”在哪里？③这一新知识你是用什么方法学到的？其根据是什么？在独立思考的基础上，让同学们讨论，使每个学生弄清这节课的知识“新”在分母不同的分数加减法；而学习这一新知识主要是运用转化的方法学到的，即将异分母分数转化为同分母分数，然后，按照同分母分散法则进行计算；其转化根据是“通分”。

5. 图示表格法

图示表格法即教师指导学生用图示或列表的方法归纳小结出当堂课所学的知识，或揭示同以前所学知识的区别与联系。[Paintshow 电化教学数学辅助软件]

6. 比赛竞争法

比赛竞争法就是根据小学生好胜和乐于表现自己的心理特征，围绕教学内容选择竞赛题目，使学生在竞赛中结束一堂课的学习。

7. 设疑激思法

设疑激思法即教师引导学生归纳小结时，设法留下余味，有意设置一个悬念，促使学生去思考、去探究。这对学生课后预习是一种无形的推动力。例如在圆柱形油桶的用料面积时，应该怎样计算呢？课后，学生们纷纷看书、讨论、释疑，兴趣盎然，积极性很高。

8. 解释法

解释法通过对较难理解的知识的解释来进行小结。例如，“除数是小数除法”教后，这样小结：计算除数是小数的除法，一般分两大步：

第一步：将被除数和除数中小数点，同时向右移动相同的位数；

第二步：再按照除数是整数的除法法则计算。计算时要注意三点。

(1) 小数点移动的位数是根据除数有几位小数确定的。

(2) 小数点一律向右移动，被除数小数点移动的位数要与除数相同。

(3) 如果被除数中小数位数比降低数少，用“0”补充，少几位小数补几个“0”。

9. 探索法

探索法通过总结本堂课所学知识，去激发学生课后进一步探索的方法。

例如，能被2、5整除的数的特征教后，这样小结：能被2、5整除的数的特征，都是看一个数的个数，个位是0、2、4、6、8的数，都能被2整除；个位上是0、5的数，都能被5整除。那么，能被2或5整除的数又有怎样的特征呢？请你们课后去看看下面的几个数，从中能得到启示吗？有什么规律。出示如下一组数让学生去探讨。

624，1348，1832，410，118，4100，425，1705，2175，3250。

10. 延伸法

这是根据本课内容，引导学生把所学基本知识作适当延伸的结尾方式。这种方式既有利于学生对本课内容的理解，也可为学习后面的内容作好铺垫。

例如教学“圆面积计算”，结尾时教师拿出一张正方形纸片，用剪刀剪成一个圆，问：“怎样求它的面积？”教师随即拿起剪去的部分，问：“怎样求它的面积？”（S正—S圆）再用剪刀在圆纸片中任意剪去一个三角形，问：“现在谁能求出它的面积？”（S圆—S三角形）接着又用圆纸片分别在中间剪去一个长方表、正方形、梯形、小圆等，分别请学生求面积。然后再拿一张圆纸片，把它对折后问学生：“会不会求它的面积？”再对折后，问：“现在呢？”再对折后，问：“还会吗？”运用这种方式结尾，学生感到兴奋、欢乐、有趣，从而激发起学生的求知欲，同时为后面学习扇形面积、组合图形面积的计算做好了充分的准备。

11. 梳理法

每一堂课的教学内容，都有其重点、难点及注意事项，利用授课结束前几分钟与学生谈话，把本节内容作一番梳理，把“脉络”搞清，这对于巩固、强化这堂课已学的知识是很有必要的。一般方法可以按照下面几个问题的思路让学生进行小结：

①我们在这节课里学了哪些知识？

②你认为上面的知识中哪些是最重要的，最关键的？

③你觉得这堂课上掌握得最好的是哪些知识？并摸到了什么规律？

④还有哪些疑难问题需要提出来讨论？

例如，“互质数”的课尾就可根据上述讨论梳理成互质数的五种情况：（1）两个数都是质数，如7和133（2）两个数都是合数，如62和15；（3）一个是质数，一个是合数，如1和18；（4）1与任何数都互质；（5）连续的两个自然数互质，如30和31。

12. 概括中心法

课堂上教师讲授的知识，总是一个一个地逐步展示在学生面前。如何把众多的知识点用一条线串起来，点明中心，由繁取简，有利于学生理解、记忆和应用，这就需要教师在结束语中力求高度概括。

例如。讲完“相向行程问题”以后，就引导学生与过去研究的一个物体在一定距离运动的问题进行比较，最后师生归纳出：有关行程问题重点是研究速度、时间和距离的数量关系，相向运动问题只是速度有些变化，但只要记住“速度×时间＝距离”这个最基本的关系式就可“化出去”。

13. 阅读法

教学新知后，让学生带着问题阅读教材，是对新知识的再次加工和提炼，又是对学生进行思维训练的良好途径，它有利于学生对新知识的理解和巩固。小结时，先让学生阅读材料，边阅读边思考教师提出的问题，重点的地方在书上画下来。阅读后，再叫学生小结，则是水到渠成。

如教学“除法的意义”一节课进行小结时，教者先提出下列问题：①什么叫做除法？②除法与乘法的关系是什么？③“0”为什么不能做除数？然后主学生带着这三个问题阅读课本，并要求学生把书上重点的地方画出来，看谁画得又快又好。教师在桌间巡视，及时点拨，启发诱导。最后再小结。这样的小结，既培养了学生的阅读习惯，又教给了学生归纳小结的方法。

14. 填空法

对一些计算法则、运算定律等教学进行小结时，可在学生对几个实例的观察与比较、分析与综合的基础上，采取填空式方法，引导学生自己进行小结，而不把书上现成的结论给学生。这种方法利于发展学生的思维，激发学生学习数学的主动性和积极性。

如“三位数乘多位数”，教学重点是掌握三位数乘多位数的法则。教学时，教师先启发学生用两位数乘多位数的计算方法试做236×52和236×152。然后让学生在进行充分的观察、比较、分析的基础上，设计如下“填空式”，由学生进行归纳总结，完成填空式。如：三位数乘多位数，限两位数乘多位数一样，先用________用乘数哪一位上的数去乘，乘得的末位，____________然后____________。学生填后教师再总结指出三位数乘多位数的计算法则规律。

15. 开放法

这种小结是变教师“权威性结语”为学生自己总结的开放性方法。学生在一节课中学习新知后，他们的思维和非智力因素正处在最佳状态。教师就要抓住契机，结合学生的心理，采用开放式的方法，因势利导，启发学生归纳小结，有利于对新知识的巩固和深化。

例如，教学“梯形的面积”时，对梯形的面积公式进行推导和运用后，教师说：“谁能替老师给这节课总结一下。我们这节课学习了什么？重点学了什么，那么上底加下底的和乘以高的积再除以2，与不除以2有什么不同？同学们可以看书、研讨、争辩，看谁说得最好。”待学生小结后，由教师评议。这种开放性的课堂小结，不仅能培养学生认真听讲的习惯，而且能培养和发展学生的独立思考、积极思维的能力。

实例三

语文教学常用小结方法实例

1. 归纳法

“记事者必提其要，纂言者必钩其玄。”归纳是课堂教学小结的有效方法。一节课或一篇课文教学终了时，教师运用准确精练的语言，对知识点、教学重点和学习难点加以归纳总结，通过必要的重复强化要点，帮助学生理解、记忆，并在此基础上理出明晰的条理，完善知识框架，在原有知识的基础上，实现对新知的真正领悟。

示例：《骆驼和羊》

一位小学语文教师讲授《骆驼和羊》一课，当分析完课文后，他说了这样一段小结语：这篇课文写了四段。第一段写了骆驼长得高，说高好；羊长得矮，说矮好，争论起来了。第二段写了骆驼用一个事实证明高比矮好。第三段写羊也找了个事实证明矮比高好。他们俩都不肯服输。最后一段写了他们去找老牛评理，老牛说，只看自己的优点，看不到自己的缺点，是不对的！只看到别人的缺点，看不到别人的优点也是不对的。这是一个寓言故事，寓言是要教育帮助人们懂得道理的。那你读了这个故事，懂得了什么呢？（让几个学生发言）对，我们要记住老牛的话，现在我们再读读老牛的话。

点评：这段小结语以概括段意为线索，简明扼要地归纳了全文内容，突出了中心，并强调了这个寓言故事的寓意，给学生留下了鲜明而深刻的印象，这对帮助学生理解课文，巩固刚学过的知识有很大的作用。

2．诵读法

进入结课阶段，教师可设计一段朗读。朗读的内容可以是课文中的精彩片断，也可以是课外精选的，还可以是教师自编的等多方面内容，但要以课文内容为主。这样才能体现出大纲、课文精神，朗读的人可以是教师，也可以是学生；朗读的方式可以是一个人的朗读，也可以是一个人的领读，还可以是分角色的朗读。结课的朗读意在加深对课文的感受，这对强化整体认知，培养语感能力，陶冶美好情操等都有重要意义。

示例：《安塞腰鼓》

《安塞腰鼓》一课的结课，可安排全班齐读，让学生从文章铿锵的语句，明快的节奏，连贯的语气中感受安塞腰鼓那强健的舞姿，沉重的响声及震撼人心的力量。

3. 评述法

课本中的选文多为名家手笔，作者中不乏光耀文坛的巨匠，也有曾为人类、国家做出过杰出贡献的思想家、科学家、艺术家。其中的优秀者其探求人生真谛及真理的勇气，其高尚的人格魅力，为人们所景仰。在课堂教学即将结束时，教者以饱满的感情，诗一样的语言对其人、其文加以评述，可以收到"言已尽而意无穷"的效果。

示例：《登高》

师：杜甫与李白同为唐代诗坛上的巨人，却仿佛被分隔在山顶的两侧。李白站在往上走的一侧，头是仰着的，看到的是无尽的蓝天，悠悠的白云，因而心胸开阔，歌声豪放；杜甫站在往下走的一侧，头是低着的，看到的是小径的崎岖，深沟的阴暗，因而忧心忡忡，歌声凄苦。时代用冷酷的眼光选择了杜甫，让他捧起时代的血泪，反复提炼，用沉重的笔触记录下一个伟大的时代如何走向衰落；让他受尽种种磨难，用枯瘦的手去蘸起墨汁一样的浓黑的悲哀，来记录一个伟大灵魂的苦痛挣扎。

4. 发散法

在课堂教学即将结束时，针对一个问题，教师引导学生从不同的角度进行独立思考，借以深化学生的思维，培养学生能力，点燃学生智慧的火花。实践证明，发散法不失为一种行之有效的小结方法。

示例：《变色龙》

师：这篇课文结尾写道："我早晚要收拾你！"奥楚蔑洛夫便裹紧大衣离开广场走了。后来怎样了呢？课文没有交代，留给读者去思考。现在，就请同学们发挥想象力，把后来的事情说出来，以《广场事件之后》为题，做口头作文。这篇口头作文，第一、内容要和原文衔接，不是另编故事；第二、人物的思想品质、道德作风必须和原文一致；第三、口头作文的中心思想，要和原文中心思想吻合；第四、在符合上述三点要求的条件下，充分发挥想象力，添出生动有趣的故事情节来。

5. 抒情法

在一课堂教学就要结束的时候，教师以饱满的激情、充满感染力的语言创设情境，激起学生情感的波澜，帮助学生完成一次认识的飞跃。

示例：《在马克思墓前的讲话》

师：今天，我很有幸地和同学们一起学习了这篇《在马克思墓前的讲话》。同学们可能有了一些新的收获，同时也可能还会有许多新的问题，不过这是好事，说明同学们的思维真正打开了。最后，我想赠同学们一段话。在座的同学们大概是十六七岁吧，马克思在你们这个年龄，曾写过一篇作文，题目是《青年在选择职业时的考虑》。让我给大家背诵几句，作为我对你们的勉励，也作为我今天这堂课的结束。

在选择职业时，我们应该遵循的主要指针是人类的幸福和我们自身的完美。不应认为，这两种利益是敌对的，互相冲突的，一种利益必须消灭另一种的；人类的天性本来就是这样的：人们只有为同时代人的完美、为他们的幸福而工作，才能使自己也达到完美。如果一个人只为自己劳动，他也许能够成为著名学者、大哲人、卓越诗人，然而他永远不能够成为完美无疵的伟大人物。

“如果我们选择了最能为人类福利而劳动的职业，那么，我们就不会被任何重负所压倒，因为这是为全人类所作出的牺牲；那时，我们感到的将不是一点点自私而可怜的欢乐，我们的幸福将属于千百万人。我们的事业并不显赫一时，但将永远存在，而面对我们的骨灰，高尚的人们将洒下热泪！”

6. 启发法

小结语是对教学内容精确的归纳概括，同时又要体现出教师的真知灼见，对知识的概括和学生答问讨论情况下的结论，都要精辟有启发性，只有体现出教师独到见解的小结语，才有助于发展学生的创造性思维。

示例：《我们爱老师》

斯霞老师教《我们爱老师》一课时，提问学生“辛勤”是什么意思之后，讲了一段小结语。她说“大家讲得好！辛就是辛苦，勤就是勤劳。园丁们工作很辛苦，很勤劳，所以我们称他们是辛勤的园丁。”

点评：一个“好”，表示了对学生答案的明确地肯定态度。“辛”、“勤”一词分两个词素解释，确切明了，再以此为根据，运用逻辑推理的方法，推出“教师是辛勤的园丁”的结论，即使学生确切地理解了词义，又紧扣课文通过释词，把知识教育与思想教育结合起来，这样的小结语，就是十分精辟的。

7. 精炼法

小结语是对知识的概括归纳，它要求对知识进行高度的浓缩，所以，小结语应该十分精炼，言简意丰，以一敌百。水分过多就会大大地影响其表达效果。

示例：《桂林山水》

一位小学语文教师讲《桂林山水》一课时，对课文中描写漓江水一节所作的小结就很精炼，他说：“作者写漓江的水，静中有动，以动衬静，漓江的水在潺潺地流动，但远观却使你感觉不到它在流动，给人以恬静但又充满生机的感觉。”

点评：这一段小结语抓住了课文的作者写漓江水“以动衬静”的衬托手法，点出了作者描写漓江“恬静但又充满生机”的特征。语言精练，结论中肯，有助于培养学生的阅读和写作能力。

8. 语言精彩法

小结语的作用是对新知识进行概括归纳，使学生抓住要点，巩固学过的知识，强化对知识的理解。小结语要准确明白，但也不排除生动形象和富有感情，也就是说，小结语也应该是精彩的。只有精彩的小结语，才能提起学生听讲的兴趣，拨动学生心灵的琴弦，打开学生心灵的门扉。

示例：《燕子》

一位小学语文教师讲《燕子》一课时，分析完课文后，作了这样的小结："这篇课文从燕子美丽的外形，写到它在百花争艳的春天里赶来了，使春天更有生趣。接着又从燕子飞行的动态美，写到燕子停歇的静态美。同学们想想，作者为什么把燕子写得这样美？（学生答：因为燕子是益鸟）对，燕子是益鸟，我们要爱护它，要爱护一切益鸟。"

点评：这一段小结语从各个角度概括了燕子的美丽，以及它给春天带来的生趣，又揭示了作者美化燕子的原因，水到渠成地向学生进行了"爱护一切益鸟"的思想教育。这样的小结语既生动形象，又饱含感情，可以说是比较精彩的。

9. 照应法

课堂教学小结与导入相照应，不仅可以使整堂课的教学浑然一体，还可以对学生学习起到定向的作用，它可以帮助学生进一步弄清概念，解决疑难问题，巩固深化知识，从而帮助学生更好地掌握和运用知识。

示例：《鹤群翔空》

（导入）：

师：咱们今天上的是《鹤群翔空》。这是一篇很美的散文，也是一个含义深刻的故事。今天我们学习一种自读的方法——三句话自读法：第一句话，速读课文，扩写一个句子；第二句话，寻读课文，续写一个句子；第三句话，细读课文，创造一个句子。那么，到底应该怎么进行呢？咱们先把课文读起来。课文这样读：老师当主持人，把你们的朗读串起来。好，开始了。

（小结）

师：好，咱们今天的三句话，实际上应该是这样三句话：速读课文，整体式概括；寻读课文，板块式积累；细读课文，多角度品味。这就叫做"三句话自读法"。当你拿到一篇课文的时候，不妨试一试这样的读法，希望这种方法对你们今后的学习有用。下课。

10. 讨论法

在课堂教学即将结束时，教师抛出有价值的问题，引导学生自由讨论，各抒己见，在或轻松、或热烈的氛围中，加深对文章的理解，实现认识的升华。在学生讨论的过程中，虽不一定苛求统一的答案，但教师的指导与要求还是十分必要的。

示例：《人生的境界》

师：都说"人生的境界决定了人类的未来"，你是同意"人类未来是黑暗的"，还是同意"人类的未来是光明的"？各抒己见。大家可以按照如下思路进行谈论：第一段讲明观点，也就是你同意哪一个观点；第二段写时间表，预计一下需要多少年才能达到某一境界，或者是道德境界，或者是天地境界；第三段设计路线图，比如你认为哪个国家最先进入光明的或黑暗的境界。下面给大家时间讨论讨论，一会儿找同学自由发言，这样的题本来就是没有对错之分，只要能够畅所欲言就行。

生 1：我认为美国最先进入黑暗的境界。因为美国实行霸权主义，不顾伊拉克人民的困苦，挑起战争，还说出很多“大道理”。

生 2：我认为中国最先进入光明的境地。因为近几年我们的发展速度非常的快，照这样发展下去，我认为我们中国会最先进入光明的境界。

生 3：我认为澳大利亚能够第一个进入光明的境地，接着是日本、韩国，而咱们中国应该处于中间阶段，不能最早也不能太晚。

生 4：我认为非洲国家应该最先进入光明的境界。因为虽然他们现在的生活非常的艰苦，但是却能够团结友爱。

生 5：我想日本应该最早进入黑暗境界。他们国家的很多人的人生观和价值观都有问题，比如很多人参拜靖国神社。

生 6：我感觉人类的前景并不乐观，就比如我看到有的报道说，我们现代人的阅读量和以前相比下降了许多。

师：针对人们谈论阅读量下降还是上升的事，我想只是大家没有把现代人阅读知识的其他方式考虑在内，就像看电视、上网。看电视算不算阅读知识？上网难道不是在阅读知识吗？实际上如果把这些都考虑到的话，就不难得出：现代人的阅读量和以前相比还是呈上升趋势的。

师：大家说得很激烈，这个话题没有对错之分，只要大家能够毫无顾忌地、卸掉所有的压力地去谈就可以。但是我想针对大家谈论的说两句。大家想想虽然日本有人参拜靖国神社，但是在日本国内，仍然有一大部分的人民以及领导反对这种事情的。所以应该说人类的前途还是光明的，只不过要达到那个境界还是需要很长时间的。

师：咱们今天的课就上到这里，谢谢大家！下课。